全国高等教育自学考试指定教材

学习包

GUOMIN JINGJI TONGJI GAILUN

国民经济统计概论

学程教育◎主编

中国人民大学出版社

·北京·

编委会

主任：崔玉洁

委员：柳国蕾　韩雨梅　张　宇
　　　王小磊　陈曼斐　田　畅

21 世纪是一个变幻莫测的时代，是一个催人奋进的时代。抓住机遇，寻求发展，适应变化，战胜挑战的法宝就是学习——内在自驱，终身学习。

作为我国高等教育组成部分的自学考试，其职责就是在高等教育层次上倡导自学、鼓励自学、帮助自学、推动自学，为每一个自学者铺就成才之路。组织编写供读者学习的教材就是履行这个职责的重要环节。毫无疑问，这类教材应当适合自学，应当有利于学习者了解和掌握新知识、新信息，有利于学习者形成自学能力、培养实践能力、增强创新意识，也有利于学习者学以致用，解决实际工作中所遇到的问题。为帮助广大考生快速掌握重要考点，以较短的备考时间顺利通过考试，赢在提升学历的起跑线上，北京学程教育科技有限公司以对高等教育自学考试辅导事业极端负责、对考生极端热忱的工作精神，组织相关人员编写了本书。

"国民经济统计概论"课程是全国高等教育自学考试专业课程，是为培养自学考生掌握国民经济理论的基本知识、锻炼应用能力而设置的，主要研究统计学基本原理和方法，分析和研究国民经济的实际问题，具有很强的理论性和逻辑性。

编委会在全国高等教育自学考试指定教材的基础上，通过研究最新考试大纲和历年考试真题，悉心编写此教材，令本教材具有以下五大特色功能：

▶ **学有章法，高效记忆**

教材针对每个章节中的知识点进行星级标注，★★★为一级考点（高频考点），★★为二级考点（中频考点），★为三级考点（一般考点）。与此同时，每个考点中，用波浪线对关键内容进行标注，重点主观题考点用双横线标注，考生可以一目了然地掌握知识精髓，从而由浅入深、层层递进开展学习。

▶ **易考易错，了如指掌**

每个知识点后设有"易考点"，每章后设有"难点回顾"，这两个栏目更好、更全面地总结归纳了"前车之鉴"，便于考生在多次巩固重点的过程中掌握易考易错点，少走弯路，轻松复习。

▶ **真题演练，解析再现**

每章末尾均设有"真题演练"及"答案解析"。实践是检验真理的唯一标准，"干货"学完后，需要"实操"把关。练习环节可以让考生在学完本章内容后及时检验学习成果，再次强化记忆重点。

▶ **笔记随想，学习有样**

每个知识点旁均设有专属笔记区，设计人性化，考生可以边学边记，实现一书多用，让自学之路的点滴都有所依、有所属。更重要的是，错的题和知识点，也有了"正规"的"住处"，考生再次复习时，可快速回忆起问题点，找到学习的乐趣。

▶ **名师伴读，在线提分**

每章配有一个关于易考点或难点内容的视频讲解。考生打开微信扫描二维码，即可观看视频。名师伴读，在线提分，让考生更方便、快捷、高效地学习。

学无止境，"过"有定法。既然选择了远方，就只有风雨兼程；只要你的心不拒绝奔跑，任何地点都可以成为起点。希望广大考生从一开始就树立起依靠自己学习的坚定信念，不断探索适合自己的学习方法，充分利用我们提供的复习资料和技巧，结合实际工作经验，最大限度地发挥自己的潜能，达到学习目标。

祝每一位考生自学成功，"试"在必得！

由于时间仓促，加之水平有限，本书中的不当或者疏漏之处在所难免，恳请专家与读者批评指正。

编委会

2020 年 3 月

目录

第八章 ——　国民生产统计 ………………………………… **75**

第九章 ——　国民收入分配与使用统计 ………………… **87**

第一章　绪论

备考指南

　　"绪论"部分主要阐述了统计学的性质和分类，统计学的基本概念、统计指标体系及其设计。通过本章的学习，你应了解并掌握总体、个体、样本、变量、指标、指标体系等一系列最基本的统计学概念，树立明确的学习目的，为进一步学习统计理论和方法奠定基础。本章重要程度为★★，多以单选题、多选题、名词解释、简答题形式出现。复习时，需要牢记变量的分类和指标体系中指标的分类，以及统计指标体系设计的内容和原则。知识点中划线部分需反复记忆，可充分利用书中"小笔记"部分进行书写，确保熟记于心，自如运用到考试中。

学习目标

　　通过本章学习，你将掌握以下知识点：

　　1. 总体、个体、样本、变量、指标、指标体系的概念及特点。

　　2. 变量的分类、指标体系中指标的分类。

　　3. 统计指标体系设计的内容和原则。

PART 1 本章知识宝图 ✒

"绪论"部分共三小节,分别用星标做重要程度标注,★★★为高频考点,★★为中频考点,★为一般考点,可循序渐进复习。

```
                ┌─ ① 统计学的性质及分类 ──── 统计学的性质、分类★
                │
                │                         ┌─ 1.总体、个体、样本★★
   绪论 ────────┼─ ② 统计学的基本概念 ──┤  2.变量★★★
                │                         └─ 3.指标及其测度★★
                │
                └─ ③ 统计指标体系及其设计 ─┬─ 1.统计指标体系的概念及指标分类★★★
                                          └─ 2.统计指标体系设计的内容及原则★
```

PART 2 名师伴读 🎧

名师伴读,码上听课

本视频包含统计学的性质和分类等。

登录 www.rdlearning.cn 观看完整内容。

人大芸窗职教学苑名师伴读系列

PART 3 高频考点 📏

小笔记

▶ 考点 001 统计学的性质、分类

【★三级考点,单选题】

1. 统计学的性质

统计学研究的客观现象包括社会经济现象和自然现象;统计学研究的是总体现象的数量表现及其规律;统计学是一门研究数量方面的方法论科学。

2. 统计学的分类

理论统计学和应用统计学;描述统计学和推断统计学(见表1-1)。

表1-1 描述统计学和推断统计学

	重要性	内容
描述统计学	基础	统计指标及其设计、统计调查、统计整理、统计图表、集中趋势测度、离散程度测度、统计指数和时间序列常规分析等
推断统计学	核心	概率与概率分布、抽样分布、参数估计、假设验证、方差分析、相关与回归分析、统计预测、统计决策等

▶ **考点 002　总体、个体、样本**

【★★二级考点，单选题、多选题、名词解释】

1. 总体

<u>构成统计活动研究对象的全部事物所组成的整体称为统计总体。</u>总体中全部个体事物的数量称为总体容量，通常用 N 表示。如果总体中只包含有限个个体，则称为有限总体；如果总体中包含有无限多个个体，则称为无限总体。

2. 个体

<u>总体中的每个个体事物称为个体。</u>

3. 样本

<u>从总体中随机抽取出来，并作为其代表的那一部分个体所组成的子集称为样本。</u>构成样本的个体数目称为样本容量，通常用 n 表示。

4. 样本的特点

样本中的每个个体都必须取自于总体的内部；从一个总体中可以抽取许多个不同的样本；样本是总体的代表；样本具有<u>随机性</u>。

易考点

1. 构成统计活动研究对象的全部事物所组成的整体称为统计总体。

2. 总体中的每个个体事物称为个体。

3. 从总体中随机抽取出来，并作为其代表的那一部分个体所组成的子集称为样本。

▶ **考点 003　变量**

【★★★一级考点，单选题、多选题】

1. 变量

<u>对客观现象进行计量的概念（广义）；可用具体数字表示取值的数字变量（狭义）。</u>

2. 变量的特征

（1）变量是用于研究总体和个体具有属性变异与数值变异的量化概念；（2）变量是一个具有量化性质的概念或名称；（3）变量的取值有两个方面，一是在时间上取值，二是在空间上取值。

3. 变量的分类

（1）按其取值是否可用数字表示，分为属性变量和数字变量；（2）按取值是否连续，分为离散变量和连续变量；（3）按其变动是否有确定性，分为确定性变量和随机变量；（4）按其在因果关系中所处位置不同，分为因变量和自变量；（5）按其是否由研究对象体系范围内决定，分为内生变量和外生变量；（6）按取值是否具有客观性，分为实在变量和虚拟变量。

易 考 点

变量的含义：对客观现象进行计量的概念（广义）；可用具体数字表示取值的数字变量（狭义）。

考点 004　指标及其测度

【★★二级考点，单选题、多选题、名词解释】

1. 指标

用来测度研究对象某种特征数量的概念称为统计指标。

2. 定类尺度

对个体进行类别划分的测度计量尺度。

3. 定序尺度

对个体进行排序或分等的测度计量尺度。

4. 定距尺度

对个体特征的差距进行测量的测度计量尺度。

5. 定比尺度

对个体特征的绝对数量大小进行测量的测度计量尺度。

四种测度计量尺度对个体特征的测量层次是依次递升的，其中定类尺度是最粗略的测度计量尺度，而定比尺度则是最精细的测度计量尺度。

易 考 点

1. 用来测度研究对象某种特征数量的概念称为统计指标。
2. 计量尺度的种类。

考点 005　统计指标体系的概念及指标分类

【★★★一级考点，单选题、多选题、简答题】

1. 统计指标体系

反映总体及其所含个体的各个方面特征数量的一系列相互联系、相互补充的统计指标所形成的体系。

2. 统计指标体系中指标的分类

（1）绝对数指标：反映统计研究对象某一方面绝对数量的统计指标，通常又称总量指标。

绝对数指标按其所反映的时间状况不同，分为时期指标（流量）和时点指标（存量）。时期指标数值大小与其所反映的时期长度有直接关系，而时点指标数值的大小与其所统计的时间间隔长短没有直接关系；时期指标前后各时期上的指标数值直接相加有实际意义，时点指标前后各时点上的指标数值直接相加没有实际意义。

绝对数指标按其所用计量单位不同，又可分为实物指标和价值指标。实物指标是使用实物单位进行计量的指标；价值指标是使用货币单位进行计量的指标。

（2）相对数指标：由两个相互联系的统计指标相除而得出的比率，又称为比率指标，它反映了研究对象内部各部分之间或各方面之间的相互关系。

1）结构相对指标：总体中部分数值与全部数值的比率，可用来反映研究对象内部的构成情况。结构相对指标＝总体中部分数值/总体中全部数值。

2）比值相对指标：某个总体对另一个总体或某个个体对另一个个体的同一指标数值的比率，可用来反映两个总体或两个个体之间的差异程度。比值相对指标＝某个总体（或个体）的某个指标数值/另一个总体（或个体）的同一指标数值。

3）动态相对指标：本期（报告期）与过去某期（基期）相同性质数量的比率，或者本期与过去某期相减的增长量与过去该期数量的比率。动态相对指标＝报告期水平/基期水平＝（报告期水平－基期水平）/基期水平。

4）弹性相对指标：一定时期内相互联系的两个经济指标增长速度的比率，反映一个经济变量的增长幅度对另一个经济变量增长幅度的依存关系。弹性相对指标＝一个经济变量的增长率/另一个经济变量的增长率。

5）强度相对指标：两个性质不同但有联系的总量指标值的比率。强度相对指标＝某一总量指标值/另一有联系但性质不同的总量指标值。

易 考 点

1. 绝对数指标：反映统计研究对象某一方面绝对数量的统计指标，通常又称总量指标。

2. 绝对数指标按其所反映的时间状况不同，分为时期指标（流量）

和时点指标（存量）。按其所用计量单位不同，又可以分为实物指标和价值指标。

3. 结构相对指标＝总体中部分数值/总体中全部数值。

4. 比值相对指标＝某个总体（或个体）的某个指标数值/另一个总体（或个体）的同一指标数值。

5. 动态相对指标＝报告期水平/基期水平＝（报告期水平－基期水平）/基期水平。

6. 弹性相对指标＝一个经济变量的增长率/另一个经济变量的增长率。

7. 强度相对指标＝某一总量指标值/另一有联系但性质不同的总量指标值。

▶ **考点 006　统计指标体系设计的内容及原则**

【★三级考点，单选题、多选题】

1. 统计指标体系设计的内容

设置统计指标体系的框架；确定每一个指标的内涵和外延；确定每个统计指标的计量单位；确定每个统计指标的计算方法。

2. 统计指标体系设计的原则

目的性原则；科学性原则；可行性原则；联系性原则。

易 考 点

统计指标体系设计的原则：目的性原则；科学性原则；可行性原则；联系性原则。

PART 4　难点回顾

🔍 构成统计活动研究对象的全部事物所组成的整体称为统计总体。

🔍 变量：对客观现象进行计量的概念（广义）；可用具体数字表示取值的数字变量（狭义）。

🔍 用来测度研究对象某种特征数量的概念称为统计指标。

🔍 绝对数指标按其所反映的时间状况不同，分为时期指标（流量）和时点指标（存量）。按其所用计量单位不同，又可分为实物指标和价值指标。

🔍 比值相对指标＝某个总体（或个体）的某个指标数值/另一总体（或个体）的同一指标数值。

🔍 动态相对指标＝报告期水平/基期水平＝（报告期水平－基期水平）/基期水平。

🔍 弹性相对指标＝一个经济变量的增长率/另一个经济变量的增长率。

🔍 强度相对指标＝某一总量指标值/另一有联系但性质不同的总量指标值。

过考百科

　　1998年8月6日晚，哈尔滨市道外区太阳岛某培训中心发生了一起由外源性带入而污染了外环境并造成腹泻暴发的疫情。在疫区处理过程中，市、区两级防疫站的流病科人员对现场流调所得到的数据进行统计学处理，为其他科室的查源工作指明了方向，在扑灭疫情中起到了巨大作用。

PART 5 真题演练

一、单选题

1.△【2017年4月】下列属于属性变量的是（　　）。

A. 年龄 　　　　　　　　B. 收入

C. 文化程度 　　　　　　D. 消费支出

2.△【2017年10月】经济发展速度属于（　　）。

A. 变异指标　　　B. 时点指标　　　C. 绝对数指标　　　D. 相对数指标

3.△【2017年10月】职工收入属于（　　）。

A. 离散变量　　　B. 属性变量　　　C. 连续变量　　　　D. 分类变量

4.△【2017年10月】评酒师通过对酒的品尝，对其质量给出上等、中等、劣等不同等级的评价，这种测度计量尺度是（　　）。

A. 定类尺度　　　B. 定序尺度　　　C. 定距尺度　　　D. 定比尺度

5.△【2017年10月】年初人口数属于（　　）。

A. 时期指标　　　B. 相对数指标　　　C. 时点指标　　　D. 平均数指标

6.△【2018年4月】下列变量中，属于离散变量的是（　　）。

A. 设备台数 　　　　　　B. 企业产值

C. 税收收入 　　　　　　D. 家庭收入

7.△【2018年4月】下列属于时点指标的是（　　）。

A. 年初商品库存额 　　　B. 月商品销售额

C. 季工业增加值 　　　　D. 年国内生产总值

二、多选题

【2016年4月】设计统计指标体系应遵循的原则有（　　）。

A. 目的性原则　　B. 科学性原则　　C. 可行性原则

D. 联系性原则　　E. 复杂性原则

易错题

单选题1、5、7，需要牢牢掌握知识点，认真审题，避免作答失误。

△表示高频考点。

三、名词解释

1. 统计指标体系

2. 统计总体

3. 弹性相对指标

四、简答题

1. 简述样本的特点。

2. 简述统计指标体系设计的主要内容。

PART 6　答案解析 ✕

一、单选题

1. 答案：C

解析：ABD属于数字变量，可以用数字表示。

2. 答案：D

解析：（1）绝对数指标：反映统计研究对象某一方面绝对数量的统计指标，通常又称总量指标。（2）相对数指标：由两个相互联系的统计指标相除而得出的比率，又称为比率指标，反映了研究对象内部各部分之间或各方面之间的相互关系。这里的速度是两个值相除得到的。

3. 答案：C

解析：收入可以是小数，所以是连续变量。

4. 答案：B

解析：定序尺度指对个体进行排序或分等的测度计量尺度。

5. 答案：C

解析：绝对数指标按反映的时间状况不同，分为时期指标（流量）和时点指标（存量）。时期指标数值大小与其所反映的时期长度有直接关系，而时点指标数值的大小与其所统计的时间间隔长短没有直接关系；时期指标前后各时期上的指标数值直接相加有实际意义，时点指标前后各时点上的指标数值直接相加没有实际意义。

6. 答案：A

解析：离散变量只能是整数，所以选A。其他选项都可以是小数，也就是连续变量。

7. 答案：A

解析：年初、月初、年末、季末等都属于时点指标。B属于时期指标；C属于工业增加值，不是反映数值总量的指标；D是时期指标。

二、多选题

答案：ABCD

解析：统计指标体系设计的原则：目的性原则；科学性原则；可行性原则；联系性原则。

三、名词解释

1. 统计指标体系。

答：统计指标体系指反映总体及其所含个体的各个方面特征数量的一系列相互联系、相互补充的统计指标所形成的体系。

2. 统计总体。

答：构成统计活动研究对象的全部事物所组成的整体称为统计总体。

3. 弹性相对指标。

答：弹性相对指标指一定时期内相互联系的两个经济指标增长速度的比率，它反映一个经济变量的增长幅度对另一个经济变量增长幅度的依存关系。

四、简答题

1. 简述样本的特点。

答：样本中的每个个体都必须取自于总体的内部；从一个总体中可以抽取许多个不同的样本；样本是总体的代表；样本具有随机性。

2. 简述统计指标体系设计的主要内容。

答：设置统计指标体系的框架；确定每一个指标的内涵和外延；确定每个统计指标的计量单位；确定每个统计指标的计算方法。

恭喜你完成"绪论"部分的学习，全书章节进度已完成1/11。人生就像骑自行车，方向掌握在自己手里，用力蹬才能前进，没用力还在前进，那说明骑的是下坡路。一路上不管逆风、顺风，用不用力全凭自己掌握！你的未来取决于你的现在，一分耕耘，一分收获。在此，记录下你的学习心得吧。

第二章　数据的调查与整理

"数据的调查与整理"部分阐述了统计数据的调查与整理方法。通过本章的学习，你应了解统计数据资料的调查方法，各种调查方法的实施程序和过程，不同的数据调查方法所得到的数据资料各有什么特点，以及对调查得到的数据资料如何进行整理和显示。本章重要程度为★★，多以单选题、多选题、名词解释形式出现。复习时，需要牢记单值分类和组距分类的方法与应用，知识点中划线部分需反复记忆，可充分利用书中"小笔记"部分进行书写，确保熟记于心，自如运用到考试中。

学习目标

通过本章学习，你将掌握以下知识点：

1. 数据调查的概念、要求和程序。

2. 调查抽样、调查观测的各种方式，调查问卷的设计方式。

3. 数据分类的概念和原则。

4. 单值分类和组距分类的方法和应用。

PART 1 本章知识宝图

"数据的调查与整理"部分共四小节，分别用星标做重要程度标注，★★★为高频考点，★★为中频考点，★为一般考点，可循序渐进复习。

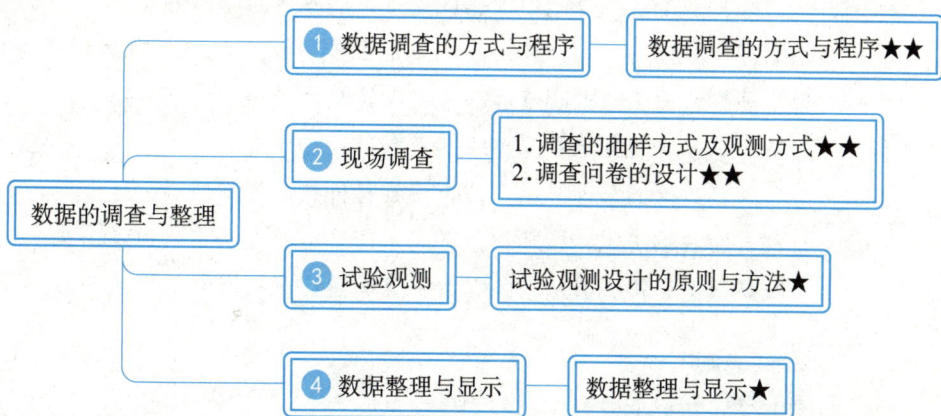

数据的调查与整理

1 数据调查的方式与程序 —— 数据调查的方式与程序★★

2 现场调查 —— 1.调查的抽样方式及观测方式★★ 2.调查问卷的设计★★

3 试验观测 —— 试验观测设计的原则与方法★

4 数据整理与显示 —— 数据整理与显示★

PART 2 名师伴读

名师伴读，码上听课

本视频包含调查的抽样方式及观测方式等。

登录 www.rdlearning.cn 观看完整内容。

人大芸窗职教学苑名师伴读系列

PART 3 高频考点

▶ 考点 007 数据调查的方式与程序

【★★二级考点，单选题、多选题、名词解释】

1. 数据调查的方式*

统计数据的调查就是根据统计研究目的的要求，对所研究总体中个体的相应特征进行观测、记录取得数据的工作过程。

（1）现场调查：为了了解客观对象的实际情况而对其进行的直观的观测。适用于对社会经济和大自然现象的研究过程中的数据资料的采集。

（2）试验观测：为了揭示事物之间的因果关系而在人为安排的环境条件下对所研究对象进行的观测。适用于对实物产品研制与生产工艺革新过

小笔记

---

* 双实线为考生应重点关注的主观题考点。

程中的数据资料的采集。

2. 数据调查的一般程序

（1）数据调查方案的制订：确定调查目的；确定调查对象和调查单位；确定调查项目和调查表；确定调查时间和调查期限；调查的组织实施。

（2）现场观测登记：根据调查方案的安排对所研究总体中个体的观测指标进行具体的观测，并将观测到的数据登记在观测指标数值登记表中。现场观测登记是数据调查活动中工作量最大的一个环节。这一环节工作质量的好坏，直接影响着调查所得数据资料的质量。

（3）数据的整理显示：调查得到各种数据资料以后，还需要对其加以整理，使其系统化、条理化，并需采用一定的方法将其显示出来。这一环节既是数据资料调查过程的结束，又是统计分析推断过程的开始。

易考点

1. 现场调查：为了了解客观对象的实际情况而对其进行的直观的观测。

2. 试验观测：为了揭示事物之间的因果关系而在人为安排的环境条件下对所研究对象进行的观测。

3. 数据调查的一般程序：数据调查方案的制订；现场观测登记；数据的整理显示。

考点008　调查的抽样方式及观测方式

【★★二级考点，单选题、多选题、名词解释】

1. 调查的抽样方式

（1）随机抽样调查，又称为概率抽样调查，它是指在抽样调查中，被调查总体中的每个个体被抽中或不被抽中的概率是相同的。也可以理解为调查样本的抽取是完全随机的，即样本中的个体完全是凭机会抽取出来的，并且每个可能的样本被抽出的概率大小是可以计算的。

随机抽样调查分为简单随机抽样、等距抽样、分层抽样、整群抽样。

1）简单随机抽样，指以总体中的个体为抽样单位，并使每个个体被抽中的机会都相等的一种抽样方式。简单随机抽样是最基本的随机抽样方式，可以利用随机数表法抽签或摇号法实现。

2）等距抽样，又称为系统抽样，指先将总体中各个个体按照某种特征值的顺序排队，然后按固定的顺序和间隔在总体中抽取若干个个体组成样本的一种抽样方式。

3）分层抽样，又称为类型抽样。先将总体中各个个体按照某种特征分成若干大类（或组），每类（或组）内部的各个个体都相差不大，而类与类之间相差较大，然后在每一类内采用简单随机抽样方式抽取若干个体，所有类中抽出的个体的集合构成样本。

4）整群抽样，指先将总体分成若干个相互之间差异很小、内部却差异很大的群体，然后再随机抽取一些群体组成样本进行调查。

（2）非随机抽样调查，又称为非概率抽样调查，其调查样本的抽取或是凭调查人员的主观判断进行选取，或是完全由调查人员视调查的便利而随意的选取，每个样本被选中的机会无法计算出来，更不能用概率表示。

非随机抽样调查分为**任意抽样、立意调查、配额抽样。**

1）任意抽样，又称为便利抽样或偶遇抽样，指任由调查者的便利而随意选取一些个体作为样本。

2）立意调查，又称为判断抽样或典型调查，指在对所研究总体中各个个体的一般情况已有相当了解的基础上，选择一个或少数几个比较具有代表性的典型个体（即与大多数个体相似的个体）作为样本。

3）配额抽样，又称为定额抽样，指在调查总体中依据一定的标准规定地区别或职业别等不同群体的样本个体数配额，然后在每个群体中由调查人员按照配额主观判断抽取一定数额的个体组成样本。

2. 调查的观测方式

（1）访问法：将所要调查的个体指标拟成问题，用口头（口头访问）或书面（书面访问）形式向被调查者提出询问，根据被调查者的回答取得所需的数据资料的一种方法。

（2）观察法：调查人员到调查现场，对被调查对象亲自进行观察、计数和记录，以获取所需要的数据资料。

易考点

1. 分层抽样，又称为类型抽样。先将总体中各个个体按照某种特征分成若干大类（或组），每类（或组）内部的各个个体都相差不大，而类与类之间相差较大，然后在每一类内采用简单随机抽样方式抽取若干个体，所有类中抽出的个体的集合构成样本。

2. 非随机抽样调查分为任意抽样、立意调查、配额抽样。

3. 等距抽样，又称为系统抽样，指先将总体中各个个体按照某种特征值的排序排队，然后按固定的顺序和间隔在总体中抽取若干个个体组成样本的一种抽样方式。

4. 随机抽样方式：简单随机抽样、等距抽样、分层抽样、整群抽样。

考点009　调查问卷的设计

【★★二级考点，单选题、多选题】

1. 提问方式

（1）封闭型提问：在问卷上同时列出问题和各种可能的答案，然后由被调查者在已给出的答案中选出一项或几项作为回答。封闭型提问的优点是省时，资料易处理；缺点是被调查者不能自由地表达看法，降低了调查所得资料的客观性。

（2）开放型提问：在问卷上仅给出问题，并不给出可供选择的答案，由被调查者根据问题自由回答。开放型提问的优点是问题不受拘束、不限制回答范围；缺点是资料的整理分析比较困难、耗时。

2. 提问次序

一般来说，问题提出的次序应该是先易后难，先一般后特殊，即所谓漏斗式。

易 考 点

1. 提问方式分为封闭型提问和开放型提问。

2. 封闭型提问：在问卷上同时列出问题和各种可能的答案，然后由被调查者在已给出的答案中选出一项或几项作为回答。

3. 开放型提问：在问卷上仅给出问题，并不给出可供选择的答案，由被调查者根据问题自由回答。

考点010　试验观测设计的原则与方法

【★三级考点，单选题】

1. 试验观测设计的原则

均衡分散性原则；整齐可比性原则。

2. 试验观测的方法

完全随机试验观测；随机区组试验观测。

考点011　数据整理与显示

【★三级考点，单选题】

（1）调查资料数据库的构建。

（2）调查数据的分类显示。

所谓统计表，就是用来显示统计数据资料的表格。统计表的结构：总标题、横行标题、纵栏标题、数据资料、表末附注。

编制统计表应注意的问题：全面安排；各种标题应简明扼要；项目排列应合理；计量单位必须注明；栏数多时应加以编号；数字填写整齐规范；若有必要，加注说明。

（3）任何分类都必须遵循的原则：互斥性和完备性。

小笔记

易考点

1. 统计表的结构：总标题、横行标题、纵栏标题、数据资料、表末附注。

2. 任何分类都必须遵循的原则：互斥性和完备性。

PART 4　难点回顾

- 🔍 数据调查的概念、要求和程序。
- 🔍 现场调查指为了了解客观对象的实际情况而对其进行的直观的观测。
- 🔍 数据调查方案的制订：确定调查目的；确定调查对象和调查单位；确定调查项目和调查表；确定调查时间和调查期限；调查的组织实施。
- 🔍 随机抽样调查分为：简单随机抽样、等距抽样、分层抽样、整群抽样。
- 🔍 非随机抽样调查分为：任意抽样、立意调查、配额抽样。

过考百科

数据调查活动所取得的各种数据资料是进行统计分析或推断的基础，因此，保证所调查到的数据资料具有代表性和真实性是对统计资料调查的基本要求。所谓代表性，就是要求所抽取的样本必须对所研究总体具有代表性。所谓真实性，就是要求所调查的数据必须真实可靠。所以统计数据的活动必须精心组织，周密安排，采用科学有效的调查方法。

PART 5　真题演练

一、单选题

1.【2016 年 10 月】下列选项中，属于随机抽样调查方法的是（　　　）。

A. 配额抽样　　　B. 任意抽样　　　C. 判断抽样　　　D. 等距抽样

2. 【2017年4月】制订数据调查方案首先要确定的是（　　）。

A. 调查目的　　　B. 调查对象　　　C. 调查项目　　　D. 调查时间

3. 【2017年10月】为保证数据分类的不重不漏，应遵循的两个原则是（　　）。

A. 及时性、互斥性　　　　　B. 及时性、完备性

C. 准确性、及时性　　　　　D. 互斥性、完备性

4. 【2017年10月】下列选项中，属于随机抽样调查方法的是（　　）。

A. 定额抽样　　　B. 便利抽样　　　C. 立意调查　　　D. 分层抽样

5. 【2018年4月】下列属于非随机抽样调查方法的是（　　）。

A. 整群抽样　　　B. 等距抽样　　　C. 分层抽样　　　D. 任意抽样

二、多选题

1. 【2016年10月】【2016年4月】统计表的结构一般包括（　　）。

A. 总标题　　　B. 横行标题　　　C. 纵栏标题

D. 数据资料　　　E. 表末附注

2. 【2017年10月】数据调查方案的内容包括（　　）。

A. 确定调查目的　　　　　　B. 调查的组织实施

C. 确定调查项目和调查表　　　D. 确定调查时间和调查期限

E. 确定调查对象和调查单位

易 错 题

单选1、3、4，多选1、2. 需要牢牢掌握知识点，认真审题，避免作答失误。

三、名词解释

1. 简单随机抽样

2. 现场调查

四、简答题

1. 简述数据调查方案的内容。

2. 简述统计数据调查的两种主要调查方式。

PART 6 答案解析 ✖

一、单选题

1. 答案：D

解析：随机抽样调查，又称为概率抽样调查，它是指在抽样调查中，被调查总体中的

每个个体被抽中或不被抽中的概率是相同的。也可以理解为调查样本的抽取是完全随机的，即样本中的个体完全是凭机会抽取出来的，并且每个可能的样本被抽出的概率大小是可以计算的。随机抽样调查分为简单随机抽样、等距抽样、分层抽样、整群抽样。

非随机抽样调查，又称为非概率抽样调查，其调查样本的抽取或是凭调查人员的主观判断进行选取，或是完全由调查人员视调查的便利而随意的选取，每个样本被选中的机会无法计算出来，更不能用概率表示。非随机抽样调查分为任意抽样、立意调查、配额调查。

2. 答案：A

解析：数据调查方案的制订包括：确定调查目的；确定调查对象和调查单位；确定调查项目和调查表；确定调查时间和调查期限；调查的组织实施。

3. 答案：D

解析：分类是对总体或样本的划分和对个体的合并，所以，任何分类都必须遵循两个原则：互斥性，即所分各类不能交叉重叠，每个个体只能划归入一个类别之中；完备性，即所分的类能够涵盖全部个体，总体中的任何一个个体都有一个类可以归入，而且只能有一个类可以归入，不能有遗漏。

4. 答案：D

解析：分层抽样，又称为类型抽样，属于随机抽样。其他都属于非随机抽样。

5. 答案：D

解析：任意抽样、立意调查、配额调查属于非随机抽样。简单随机抽样、等距抽样、分层抽样、整群抽样属于随机抽样。

二、多选题

1. 答案：ABCDE

解析：所谓统计表，就是用来显示统计数据资料的表格。统计表的结构包括总标题、横栏标题、纵栏标题、数据资料、表末附注。

2. 答案：ABCDE

解析：见单选题第 2 题的解析。

三、名词解释

1. 简单随机抽样

答：简单随机抽样，指以总体中的个体为抽样单位，并使得每个个体被抽中的机会都相等的一种抽样方式。简单随机抽样是最基本的随机抽样方式，可以利用随机数表法抽签或摇号法实现。

2. 现场调查

答：现场调查指为了了解客观对象的实际情况而对其进行的直观的观测。

四、简答题

1. 简述数据调查方案的内容。

答:(1) 确定调查目的。

(2) 确定调查对象和调查单位。

(3) 确定调查项目和调查表。

(4) 确定调查时间和调查期限。

(5) 调查的组织实施。

2. 简述统计数据调查的两种主要调查方式。

(1) 现场调查,是指为了了解客观对象的实际情况而对其进行的直观的观测。

(2) 试验观测,是指为了揭示事物之间的因果关系而在人为安排的环境条件下对所研究对象进行的观测。

恭喜你完成"数据的调查与整理"部分的学习,全书章节进度已完成2/11。人生要学会储蓄。你若耕耘,就储存了一次丰收;你若努力,就储存了一个希望;你若微笑,就储存了一份快乐。你能支取什么,取决于你储蓄了什么。想要有取之不尽的幸福,就要每天储蓄感恩和付出。在此,记录下你的学习心得吧。

第三章　次数分布

　　"次数分布"部分阐述了观测变量次数分布的编制和显示方法及次数分布的理论模型。通过本章的学习，你应掌握次数分布的概念、单值分组次数分布表、组距分组次数分布表、累计频数、变量数列分布图以及离散型随机变量和连续型随机变量的概率分布类型。本章重要程度为★★，多以单选题、多选题、名词解释、简答题、计算题形式出现。复习时，需要掌握次数分布的概念、编制与显示方法，并深刻理解和领会次数分布各种理论模型的意义及应用。知识点中划线部分需反复记忆，可充分利用书中"小笔记"部分进行书写，确保熟记于心，自如运用到考试中。

学习目标

　　通过本章学习，你将掌握以下知识点：

　　1. 次数分布的概念。

　　2. 次数分布表的种类及编制方法；次数分布图的种类及绘制方法。

　　3. 常用离散型随机变量和连续型随机变量概率分布模型的概念。

PART 1 本章知识宝图 ✒️

"次数分布"部分共两小节，分别用星标做重要程度标注，★★★为高频考点，★★为中频考点，★为一般考点，可循序渐进复习。

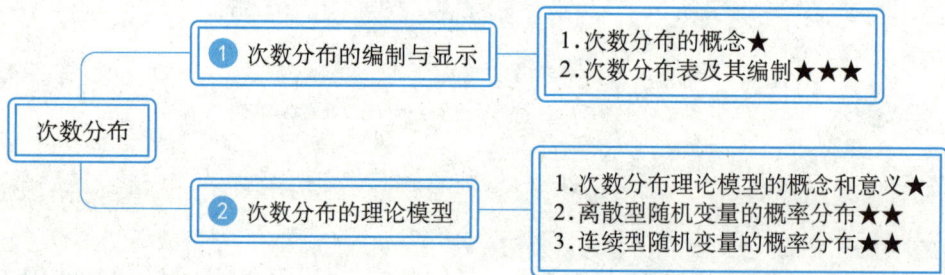

```
                    ┌─ ① 次数分布的编制与显示 ─┬─ 1.次数分布的概念★
                    │                          └─ 2.次数分布表及其编制★★★
        次数分布 ───┤
                    │                          ┌─ 1.次数分布理论模型的概念和意义★
                    └─ ② 次数分布的理论模型 ───┼─ 2.离散型随机变量的概率分布★★
                                               └─ 3.连续型随机变量的概率分布★★
```

PART 2 名师伴读 🎧

名师伴读，码上听课

本视频包含次数分布表的种类及编制方法等。

登录 www.rdlearning.cn 观看完整内容。

人大芸窗职教学苑名师伴读系列

PART 3 高频考点 📚

小笔记

▶ 考点 012　次数分布的概念

【★三级考点，单选题】

（1）观测变量的各个不同数值及每个不同数值的出现次数的顺序排列，称为变量的次数分布。

（2）列出观测变量的次数分布是展示统计活动所取得数据的分布状况的最基本方法，也是描述观测数据状况的首要方法。

（3）观测变量的次数分布包含了观测变量在所研究总体或所取得样本中取值的全部信息，因此，列出观测变量的次数分布是进行统计分析推断的基础。

▶ 考点 013　次数分布表及其编制

【★★★一级考点，单选题、简答题】

1. 单值分组次数分布表

用每一个不同的取值代表一个组的变量值，并计算出各组变量值出现的个数即各组次数，然后顺序列在次数分布表中，这样的次数分布表称为单值分组次数分布表。单值分组次数分布表举例如表 3-1 所示。

表 3-1　家庭人口数次数分布表

家庭人口数（人）	户数（户）	比重（%）
1	197	6.10
2	668	20.69
3	1 510	46.78
4	543	16.82
5	231	7.16
6	57	1.77
7	16	0.50
8	5	0.15
9	1	0.03
合计	3 228	100.00

2. 组距分组次数分布表

将观测变量的整个取值范围依次划分成若干个区间，每个区间作为一个分组，并计算出每个分组区间上观测变量的变量值的个数，然后依次将各个分组区间和各分组区间上变量值的个数在一个统计表中顺序列出，就得到了观测变量的组距分组次数分布表。

（1）确定组数：采用组距分组方法对变量的取值进行分组，各组的区间长度可以相等（等距分组），也可以不等（异距分组）。

（2）确定组距：组距分组中，每组的最大值和最小值之间的距离称为组距。

（3）确定组限：组距分组中，每组的最大值称为该组的上限，每组的最小值称为该组的下限。统计分组时所遵循的原则是"上限不在内原则"。

（4）计算各组的次数（频数）：每组所分配的变量值的个数也就是该组的次数（频数）。

（5）列出组距分组次数分布表。组距分组次数分布表举例如表 3-2 所示。

表 3-2　月食品消费支出次数分布表

月食品消费支出（元）	家庭数（户）	比重（%）
350～450	2	3.3
450～550	6	10
550～650	10	16.7
650～750	13	21.7
750～850	20	33.3
850～950	8	13.3
950～1 050	1	1.7
合计	60	100
组别	次数（频数）	频率

3. 累计频数和累计频率

在研究频数（或频率）分布时，常常需要编制累计频数数列和累计频率数列，累计频数（或频率）可以采用向上累计频数（或频率），也可以采用向下累计频数（或频率）。月食品消费支出累计次数分布表，如表3-3所示。

表3-3　月食品消费支出累计次数分布表

月食品消费支出（元）	家庭数（频数）（户）	比重（频率）（%）	向上累计		向下累计	
			频数	频率（%）	频数	频率（%）
350～450	2	3.3	2	3.3	60	100
450～550	6	10	8	13.3	58	96.7
550～650	10	16.7	18	30	52	86.7
650～750	13	21.7	31	51.7	42	70
750～850	20	33.3	51	85	29	48.3
850～950	8	13.3	59	98.3	9	15
950～1 050	1	1.7	60	100	1	1.7
合计	60	100	—	—	—	—

（1）累计频数（或频率）分布数列。

（2）累计频数（或频率）分布曲线。

4. 变量数列分布图

（1）柱状图：用顺序排列的柱状线段的高低来显示各组变量值出现次数的多少或频率高低的图形。

（2）直方图：用顺序排列的各区间上的直方条表示变量在各区间内取值的次数或频率的图形。

（3）折线图：在直方图中将各直方条顶端中点用线段连接起来，并在最低组之前和最高组之后各延长半个组距，将所连折线再连接到横轴上，所形成的图形就称为次数分布折线图。

次数密度是各组的次数与其组距的比率；频率密度是各组的频率与其组距的比率，公式如下：

次数密度＝次数/组距

频率密度＝频率/组距

易考点

次数密度是各组的次数与其组距的比率；频率密度是各组的频率与其组距的比率。

考点 014 次数分布理论模型的概念和意义

【★三级考点，单选题】

（1）统计活动中所观测研究的变量，由于其取值随着观测个体的不同而不同，并具有随机性，因此都被定义为随机变量。而随机变量取某一个数值或在某个区间上取值被看作是一个随机事件。随机变量在某个数值上或某个区间内取值的频率，就是该随机事件发生的频率。因此，随机变量次数分布的理论模型也称为该变量的概率分布模型。

（2）随机变量的概率分布的表示方法主要有三种：概率分布表、概率分布图、概率分布模型。

易 考 点

随机变量的概率分布的表示方法主要有三种：概率分布表、概率分布图、概率分布模型。

考点 015 离散型随机变量的概率分布

【★★二级考点，单选题、多选题】

（1）若随机变量的所有可能取值是有限个或可列无限多个，则这种随机变量称为离散型随机变量。

（2）设离散型随机变量 X 所有可能的取值为 x_k（$k=1$，2，$\cdots$），X 取各个可能值的概率，即事件 $\{X=x_k\}$ 的概率为：

$$P\{X=x_k\}=P_k \quad k=1,2,\cdots$$

（3）由概率的定义可知，P_k 满足如下两个条件：（1）$P_k \geqslant 0$，$k=1$，2，$\cdots$；（2）$\sum\limits_{k=0}^{\infty} P_k = 1$。

（4）**两点分布**：若相互独立的重复试验只有"成功"和"失败"两种结果，这种试验称为伯努利试验。两点分布一般指伯努利分布。

（5）**超几何分布**：从一个含有 N 个个体的总体中，以不重复方式随机抽取 n 个个体作为样本，各次抽样（试验）并非独立。总体中的全部个体分为两类，假设为"成功"与"失败"，其中"成功"类的个体数目为 D 个，"失败"类的个体数目为 N−D 个。样本中从"成功"类 D 中抽取的个体数目为 k 个，从"失败"类 N−D 中抽取的个体数目为 n−k 个。若要确定 n 次实验中恰好出现 k 次成功的概率，则采用的概率模型为：

$$P(X=k)=\frac{C_D^k C_{N-D}^{n-k}}{C_N^n} \quad k=0,1,2,\cdots,n$$

（6）**二项分布**：在 n 次伯努利试验的基础上，若要确定其恰好有 k 次成功的概率，其中随机变量 X 表示试验次数，则其概率模型为：

$$P\{X=k\}=C_n^k p^k (1-p)^{n-k} \quad k=0,1,2,\cdots,n$$

（7）**泊松分布**：服从泊松分布的随机变量对于描述在一个特定时间或空间范围内某一事件发生的次数很有用。任何两个相等的间隔期内某一事件发生次数的概率相等；在某一间隔内某一事件的发生与否和其他任何一个间隔期内该事件的发生与否相互独立。

易 考 点

1. 若随机变量的所有可能取值是有限个或可列无限多个，则这种随机变量称为离散型随机变量。

2. 两点分布：相互独立的重复试验只有"成功"和"失败"两种结果。

3. 常见的离散型随机变量概率分布类型和连续型随机变量概率分布类型。

▶ **考点 016　连续型随机变量的概率分布**

【★★二级考点，单选题、多选题】

（1）定义：对于随机变量 X 的分布函数 $F(x)$，如果存在非负函数 $f(x)$，使对任意实数 x 有 $F(x)=\int_{-\infty}^{x} f(x)\mathrm{d}x$，则称 X 为连续型随机变量，$f(x)$ 为 X 的概率分布密度，简称分布密度或概率密度。

（2）连续型随机变量的概率分布包括：均匀分布、正态分布、指数分布、χ^2 分布、t 分布、F 分布。

PART 4　难点回顾

🔍 随机变量的概率分布的表示方法主要有三种：概率分布表、概率分布图、概率分布模型。

🔍 二项分布：在 n 次伯努利试验的基础上，若要确定其恰好有 k 次成功的概率，其中随机变量 X 表示试验次数，则其概率模型为：$P\{X=k\}=C_n^k p^k (1-p)^{n-k}$，$k=0,1,2,\cdots,n$。

🔍 对于随机变量 X 的分布函数 $F(x)$，如果存在非负函数 $f(x)$，使对任意实数 x 有 $F(x)=\int_{-\infty}^{x} f(x)\mathrm{d}x$，则称 X 为连续型随机变量，$f(x)$ 为 X 的概率分布密度，简称分布密度或概率密度。

过考百科

次数分布可以表明总体中所有单位在各组的分布特征，并据以研究总体某一标志的平均水平及其变动规律。例如，人口按性别分组后形成的人口数在各组分布情况的数列，学生按年龄分组后形成的学生人数在各组分布情况的数列等，都是次数分布数列。次数分布数列主要由各组名称（或各组变量值）与各组单位数（次数）两部分构成。有时也可以把比重列入分布数列中。次数分布数列的形式很简单，但它是统计整理的重要表现形式，在统计研究中具有十分重要的意义。次数分布数列直观地表明了总体单位的分布特征和结构状况，在此基础上还可以进一步研究其构成、平均水平及其变动规律，它是进行统计分析的一种重要手段。

PART 5 真题演练

一、单选题

1.【2016年10月】下列选项中，属于连续型随机变量概率分布的是（　　）。

A. 两点分布　　　B. 正态分布　　　C. 二项分布　　　D. 泊松分布

2.△【2017年4月】根据"上限不在内"的原则，变量值为70的数据应归入下列分组中的（　　）。

A. 60以下　　　B. 60～70　　　C. 70～80　　　D. 80以上

3.【2017年10月】下列选项中，属于离散型随机变量概率分布的是（　　）。

A. 二项分布　　　B. 正态分布　　　C. 均匀分布　　　D. 指数分布

4.△【2018年4月】将居民家庭按人口数（单位：人）分类，可分为1，2，3，…，这种分类称为（　　）。

A. 单值分类　　　B. 组距分类　　　C. 异距分类　　　D. 等距分类

二、多选题

1.【2016年4月】随机变量概率分布的主要表示方法有（　　）。

A. 概率分布表　　B. 概率分布图　　C. 次数分布列

D. 累计频率　　　E. 概率分布函数

2.△【2017年10月】已知某班学生考试成绩分组资料（单位：分）为：50～60，60～70，70～80，80～90，90～100，则该分组（　　）。

A. 属于单值分组　　　　　　　B. 属于组距分组

C. 属于等距分组　　　　　　　D. 属于异距分组

E. 70～80组的组中值为75

三、名词解释

1. 次数分布
2. 次数分布表

四、简答题

简述次数分布的含义及次数分布表的构成。

五、计算题

已知某班级 30 名学生数学考试成绩（单位：分）如下：40 45 50 52 54 55 61 64 64 66 69 71 71 72 74 75 76 78 78 79 81 85 85 86 86 87 88 91 95 96

要求：

（1）以 60 以下，60~70，70~80，80~90，90 以上为分组区间编制组距分布数列。

（2）计算各组的组中值。

（3）计算 30 名学生的平均成绩。

PART 6 答案解析 ⚒

一、单选题

1. 答案：B

解析：ACD 属于离散型随机变量。

2. 答案：C

解析：既然上限不在内，那就应该在下限，这里 70~80 组，70 是下限。

3. 答案：A

解析：BCD 属于连续型随机变量。

4. 答案：A

解析：用每一个不同的取值代表一个组的变量值，并计算出各组变量值出现的个数即各组次数，然后顺序列在次数分布表中，这样的次数分布表称为单值分组次数分布表。

二、多选题

1. 答案：ABE

解析：随机变量的概率分布的表示方法主要有三种：概率分布表、概率分布图、概率分布函数。

2. 答案：BCE

解析：该属于组距分组，而且等距，组中值是 75。

三、名词解释

1. 次数分布

答：观测变量的各个不同数值及每个不同数值的出现次数的顺序排列，称为变量的次数分布。

2. 次数分布表

答：表示观测变量的次数分布的统计表。

四、简答题

简述次数分布的含义及次数分布表的构成。

答：观测变量的各个不同数值及每个不同数值的出现次数的顺序排列，称为变量的次数分布。

次数分布表的构成：各组变量值和各组次数或各组频率。观测变量的各个不同数值；变量的各个不同数值出现的次数。

五、计算题

已知某班级 30 名学生数学考试成绩（单位：分）如下：40 45 50 52 54 55 61 64 64 66 69 71 71 72 74 75 76 78 78 79 81 85 85 86 86 87 88 91 95 96

要求：

（1）以 60 以下，60～70，70～80，80～90，90 以上为分组区间编制组距分布数列。

（2）计算各组的组中值。

（3）计算 30 名学生的平均成绩。

答案：

（1）

考试成绩分组（分）	学生人数（人）
60 以下	6
60～70	5
70～80	9
80～90	7
90 以上	3
合计	30

（2）组中值分别为 55，65，75，85，95。

（3）平均成绩 $\bar{x} = (\sum x)/n = 2\ 174/30 = 72.47$（分）。

　　恭喜你完成"次数分布"部分的学习，全书章节进度已完成 3/11。加倍努力，证明你想要的不是空中楼阁。胜利是在多次失败之后才姗姗而来的。在此，记录下你的学习心得吧。

第四章 分布特征的测度

备考指南

　　"分布特征的测度"部分阐述特征的测度方法，其中包括观测变量次数分布的分布中心、离散程度、偏斜程度和峰尖程度。通过本章学习，你应理解和领会观测变量次数分布各种分布特征测度的意义，掌握各种测度指标和测度方法，并能将这些指标和方法正确地应用于国民经济统计数据特征的分析。本章重要程度为★★★，多以单选题、多选题、名词解释、计算题形式出现。复习时，需要牢记分布中心的测度指标及其计算方法。知识点中划线部分需反复记忆，可充分利用书中"小笔记"部分进行书写，确保熟记于心，自如运用到考试中。

学习目标

　　通过本章学习，你将掌握以下知识点：

　　算术平均数、中位数、众数、极差、平均差、标准差、变异系数的概念和应用。

PART 1 本章知识宝图 ✏️

"分布特征的测度"部分共两个小节，分别用星标做重要程度标注，★★★为高频考点，★★为中频考点，★为一般考点，可循序渐进复习。

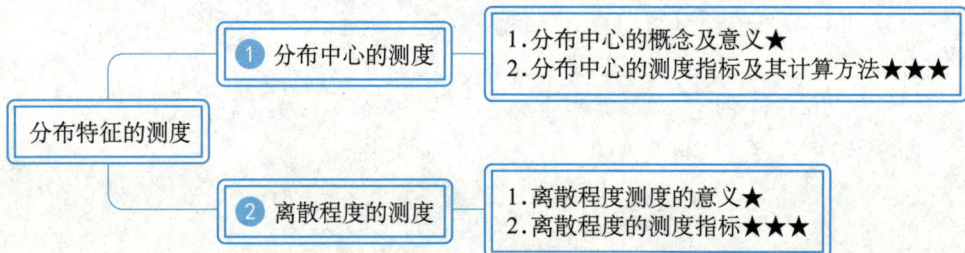

分布特征的测度

① 分布中心的测度 —— 1.分布中心的概念及意义★
2.分布中心的测度指标及其计算方法★★★

② 离散程度的测度 —— 1.离散程度测度的意义★
2.离散程度的测度指标★★★

PART 2 名师伴读 🎧

名师伴读，码上听课

本视频包含分布中心的测度指标及其计算方法等。

登录 www.rdlearning.cn 观看完整内容。

人大芸窗职教学苑名师伴读系列

PART 3 高频考点 📶

小笔记

▶ **考点 017　分布中心的概念及意义**

【★三级考点，单选题】

1. 分布中心

距离一个变量的所有取值最近的数值。

2. 分布中心的意义

变量的分布中心是变量取值的一个代表，可以用它来反映其取值的一般水平；变量的分布中心可以揭示其取值的次数分布在直角坐标系上的集中位置，可以用来反映变量分布密度曲线的中心位置，即对称中心或尖峰中心。

▶ **考点 018　分布中心的测度指标及其计算方法**

【★★★一级考点，单选题、多选题、名词解释、简答题、计算题】

1. 算术平均数

算术平均数又称均值，它是一组变量值的总和与其变量值的个数总和的比值，是测度变量分布中心最常用的指标。

（1）简单算术平均数的计算公式：

$$\bar{x} = \frac{x_1 + x_2 + \cdots + x_n}{n} = \frac{\sum\limits_{i=1}^{n} x_i}{n}$$

（2）加权算术平均数的计算公式：

$$\bar{x} = \frac{\sum\limits_{i=1}^{n} x_i f_i}{\sum\limits_{i=1}^{n} f_i} = \sum\limits_{i=1}^{n} x_i \frac{f_i}{\sum\limits_{i=1}^{n} f_i}$$

1）单项数列算术平均数的计算方法：可以直接使用上面的公式计算。

2）组距数列算术平均数的计算方法：首先需要计算出每个组的组中值，组中值就是各组变量值的代表值，其计算公式如下：

组中值＝（上限＋下限）/2

缺下限组的组中值＝上限－邻组组距/2

缺上限组的组中值＝下限＋邻组组距/2

（3）应用算术平均数时应注意的几个问题。

算术平均数容易受到极端变量值的影响；权数对算术平均数的大小起着权衡轻重的作用，取决于它的比重；根据组距数列求加权算术平均数时，需用组中值作为各组变量值的代表。

（4）算术平均数的数学性质。

1）各变量值与其算术平均数离差的总和等于零。

$$\sum (x - \bar{x}) = \sum x - \sum \bar{x} = \sum x - n\bar{x} = 0$$

2）各变量值与其算术平均数离差平方和最小。设 A 为 $\neq \bar{x}$ 的任意常数，则有：

$$\sum (x - A)^2 > \sum (x - \bar{x})^2$$

（5）算术平均数的变形——调和平均数。

（6）理论分布的算术平均数——数学期望。

2. 中位数

（1）【中位数】：某一变量的变量值按照从小到大的顺序排成一列，位于这列数中心位置上的那个变量值就是中位数。

（2）中位数的确定。

1）未分组资料中位数的确定：n 为奇数时，中位数为排在第 $(n+1)/2$ 位置的变量值；n 为偶数时，中位数为第 $n/2$ 项与第 $n/2＋1$ 项变量值的简单算术平均数。

2）单项数列中位数的确定：先计算向上或向下累计次数；然后由公

式 $\dfrac{\sum f+1}{2}$ 计算结果与累计次数的结果确定中位数在单项数列中所处组的位置，则该组位置上的变量值就是中位数。

3）组距数列中位数的确定：先根据组距数列资料计算向上或向下累计次数；然后由公式 $\dfrac{\sum f+1}{2}$ 的计算结果与累计次数的结果来确定中位数在数列中所在的组；最后通过下列两个公式中任意一个均可确定中位数：

$$下限公式：m_e = L + \dfrac{\dfrac{\sum\limits_{i=1}^{n} f}{2} - S_{m-1}}{f_m} \times d$$

$$上限公式：m_e = U - \dfrac{\dfrac{\sum\limits_{i=1}^{n} f}{2} - S_{m+1}}{f_m} \times d$$

3. 众数

（1）【众数】：某一变量的全部取值中出现次数最多的那个变量值。

（2）众数的确定：未分组资料的众数为出现次数最多的变量值；单项数列的众数即频数（或频率）最大组的变量值；组距数列的众数先依据各组变量值出现次数的多少确定众数所在的组，然后采用上限公式或下限公式确定众数：

$$下限公式：m_0 = L + \dfrac{\Delta_1}{\Delta_1 + \Delta_2} \times d$$

$$上限公式：m_0 = U - \dfrac{\Delta_2}{\Delta_1 + \Delta_2} \times d$$

4. 算术平均数、中位数和众数三者之间的关系

算术平均数、中位数和众数三者之间的关系，取决于变量值在数列中的分布状况。

易 考 点

1. 组中值＝（上限＋下限）/2。

2. 缺下限组的组中值＝上限－邻组组距/2。

3. 缺上限组的组中值＝下限＋邻组组距/2。

4. 算术平均数的计算。

5. 中位数指某一变量的变量值按照从小到大的顺序排成一列，位于这列数中心位置上的那个变量值。

考点 019　离散程度测度的意义

【★三级考点，单选题】

通过对变量取值之间离散程度的测定，可以反映各个变量值之间的差异大小，从而也就可以反映分布中心指标对各个变量值代表性的高低。通过对变量取值之间离散程度的测定，可以大致反映变量次数分布密度曲线的形状。

考点 020　离散程度的测度指标

【★★★一级考点，单选题、多选题、计算题】

1. 极差

极差又称全距，指一组变量值中最大变量值与最小变量值之差，用来表示变量的变动范围。通常用 R 代表极差，$R = \max(x_i) - \min(x_i)$。组距分组数列中出现开口组，则极差无法计算。

2. 四分位全距

四分位全距是指将一组由小到大排列的变量值分成四等分，可得到三个分割点 Q_1, Q_2, Q_3，分别称为第一个、第二个、第三个四分位数；然后用第一个四分位数 Q_1 减去第三个四分位数 Q_3 所得差的绝对值，即为四分位全距，计算公式为：

$$IQR = |Q_1 - Q_3|$$

3. 平均差

未分组平均差的计算公式为：

$$A.D = \frac{\sum_{i=1}^{n} |x_i - \bar{x}|}{n}$$

分组平均差的计算公式为：

$$A.D = \frac{\sum_{i=1}^{n} |x_i - \bar{x}| f_i}{\sum_{i=1}^{n} f_i}$$

4. 标准差

简单标准差的计算公式为：

$$\sigma = \sqrt{\frac{\sum (x_i - \bar{x})^2}{n}}$$

加权标准差的计算公式为：

$$\sigma = \sqrt{\frac{\sum (x_i - \bar{x})^2 f}{\sum f}}$$

5. 理论分布的方差

反映随机变量 x 取值对其期望 $E(x)$ 的偏差程度。

6. 变异系数

极差系数的计算公式为：

$$V_R = \frac{R}{\bar{x}} \times 100\%$$

平均差系数的计算公式为：

$$V_{A.D} = \frac{A.D}{\bar{x}} \times 100\%$$

标准差系数的计算公式为：

$$V_\sigma = \frac{\sigma}{\bar{x}} \times 100\%$$

易考点

1. 极差，又称全距，指一组变量值中最大变量值与最小变量值之差，用来表示变量的变动范围。

2. 四分位全距是指将一组由小到大排列的变量值分成四等分，可得到三个分割点 Q_1, Q_2, Q_3，分别称为第一个、第二个、第三个四分位数；然后用第一个四分位数 Q_1 减去第三个四分位数 Q_3 所得差的绝对值，即为四分位全距。

PART 4 难点回顾

- 组中值＝（上限＋下限）/2；缺下限组的组中值＝上限－邻组组距/2；缺上限组的组中值＝下限＋邻组组距/2。
- 中位数指某一变量的变量值按照从小到大的顺序排成一列，位于这列数中心位置上的那个变量值。
- 未分组资料中位数的确定：n 为奇数时，中位数为排在第 $(n+1)/2$ 位置的变量值；n 为偶数时，中位数为第 $n/2$ 项与第 $n/2+1$ 项变量值的简单算术平均数。

🔍 众数的确定：未分组资料的众数为出现次数最多的变量值；单项数列的众数即频数（或频率）最大组的变量值。

🔍 四分位全距是指将一组由小到大排列的变量值分成四等分，可得到三个分割点 Q_1，Q_2，Q_3，分别称为第一个、第二个、第三个四分位数；然后用第一个四分位数 Q_1 减去第三个四分位数 Q_3 所得差的绝对值，即为四分位全距，计算公式为 $IQR = |Q_1 - Q_3|$。

过考百科

　　变异系数在概率论的许多分支中都有应用，比如说在更新理论、排队理论和可靠性理论中。这些理论中，指数分布通常比正态分布更为常见。由于指数分布的标准差等于其平均值，所以它的变异系数等于1。变异系数小于1的分布，比如爱尔朗分布称为低差别的，而变异系数大于1的分布，如超指数分布则被称为高差别的。

PART 5　真题演练

一、单选题

1.△【2016 年 10 月】一组变量值中最大值与最小值之差，称为（　　）。

A. 平均差　　　　B. 方差　　　　C. 标准差　　　　D. 极差

2.△【2017 年 10 月】将一组由小到大排列的变量值分成四等分，然后用第 1 个四分位数减去第 3 个四分位数所得差的绝对值称为（　　）。

A. 极差　　　　B. 方差　　　　C. 标准差　　　　D. 四分位全距

3.△【2017 年 10 月】某组距数列，其首组为 1 000 以下，又知其邻组为 1 000、1 500，则首组的组中值为（　　）。

A. 500　　　　B. 650　　　　C. 750　　　　D. 850

4.△【2018 年 10 月】标准差计算公式中的平均数是（　　）。

A. 调和平均数　　B. 几何平均数　　C. 算术平均数　　D. 中位数

5.△【2018 年 10 月】下列选项中，不能用来测度变量值之间离散程度的指标是（　　）。

A. 极差　　　　B. 方差　　　　C. 众数　　　　D. 变异系数

6.△【2018 年 4 月】变量的各个取值离差平方的平均数的平方根，称为（　　）。

A. 极差　　　　B. 方差　　　　C. 标准差　　　　D. 平均差

二、多选题

1.△【2016 年 10 月】分布中心的测度指标有（　　）。

A. 众数　　　　B. 中位数　　　　C. 标准差

D. 平均差　　　　E. 算术平均数

2. △【2017年10月】下列选项中，可用来测度离散程度的指标有（　　　）。

A. 极差　　　　　B. 方差　　　　　C. 标准差

D. 平均差　　　　E. 四分位全距

易 错 题

　　单选题2、4、6，多选题1、2，需要牢牢掌握知识点，认真审题，避免作答失误。

　　△表示为高频考点。

三、名词解释

1. 中位数

2. 极差

3. 平均差

四、计算题

1. 某小区居民家庭人口数分组资料如下表所示：

家庭人口数（人）x	户数（户）f	向上累积
1	50	50
2	230	280
3	480	760
4	120	880
5	20	900
合计	900	—

计算该小区居民家庭人口数的算术平均数、中位数和众数。

2. 某车间工人日产零件数资料如下：

日产零件数分组（件）x	工人数（人）f
10	4
11	8
12	10
13	18
14	8
15	2
合计	50

计算工人的平均日产零件数、工人日产零件数的中位数和众数。

PART 6 答案解析 ⚒

一、单选题

1. 答案：D

解析：极差，又称全距，指一组变量值中最大变量值与最小变量值之差，用来表示变量的变动范围。

2. 答案：D

解析：四分位全距是指将一组由小到大排列的变量值分成四等分，可得到三个分割点，分别称为第一个、第二个、第三个四分位数；然后用第一个四分位数减去第三个四分位数所得差的绝对值，即为四分位全距。

3. 答案：C

解析：组中值＝上限－邻组组距/2＝1 000－500/2＝750。

4. 答案：C

解析：标准差是变量的各个取值离差平方的平均数的平方根。公式中的平均数是算术平均数，因为是它是最常用的表示分布中心的代表性指标。

5. 答案：C

解析：离散程度是指变量各个取值之间差异程度的大小，通常用极差、四分位全距、平均差、标准差、方差、变异系数来测度。众数是指某一变量的全部取值中出现次数最多的那个变量值，不能用来测量变量值之间的离散程度。

6. 答案：C

解析：变量的各个取值离差平方的平均数的平方根，称为标准差。

二、多选题

1. 答案：ABE

解析：选项 CD 是离散程度的测度。

2. 答案：ABCDE

解析：这几个选项都是测度离散程度的指标。

三、名词解释

1. 中位数

答：某一变量的变量值按照从小到大的顺序排成一列，位于这列数中心位置上的那个变量值就是中位数。

2. 极差

答：极差又称全距，指一组变量值中最大变量值与最小变量值之差，用来表示变量的变动范围。

3. 平均差

答：平均差指变量的各个取值偏差绝对值的算术平均数。

四、计算题

1. 某小区居民家庭人口数分组资料如下表所示：

家庭人口数（人）x	户数（户）f	向上累积
1	50	50
2	230	280
3	480	760
4	120	880
5	20	900
合计	900	—

计算该小区居民家庭人口数的算术平均数、中位数和众数。

答案：

(1) 算术平均数 $\bar{x} = \dfrac{\sum xf}{\sum f} = \dfrac{1\times50+2\times230+3\times480+4\times120+5\times20}{900}$

$= \dfrac{2\,530}{900} = 2.81（人）$。

(2) 中位数的位置 $= \dfrac{\sum f + 1}{2} = \dfrac{900+1}{2} = 450.5$，中位数 $m_e = 3（人）$。

(3) 众数 $m_0 = 3（人）$。

2. 某车间工人日产零件数资料如下：

日产零件数分组（件）x	工人数（人）f
10	4
11	8
12	10
13	18
14	8
15	2
合计	50

计算工人的平均日产零件数、工人日产零件数的中位数和众数。

答案：

(1) 平均日产零件数：$\bar{x} = \dfrac{\sum xf}{\sum f} = \dfrac{10\times4+11\times8+12\times10+13\times18+14\times8+15\times2}{50}$

$= \dfrac{624}{50} = 12.48（件）$。

（2）中位数的位置 $=\dfrac{\sum f+1}{2}=\dfrac{50+1}{2}=25.5$，中位数 $m_e=13$（件）。

（3）众数 $m_o=13$（件）。

恭喜你完成了"分布特征的测度"部分的学习，全书章节进度已完成 4/11。一件事无论你当初是怎么下定决心，不到结果出来那天谁也不知道会发生什么。所以与其担心，不如好好努力。扔掉你的犹豫，那只会浪费时间；扔掉你的担心，那只会让你分心。你能做的，只有相信自己并且尽力去做。记住你当时所下的决心，只要路是自己选的，就不怕走远。在此，记录下你的学习心得吧。

第五章　抽样估计

　　"抽样估计"部分阐述根据样本数据对总体参数进行估计的理论和方法，主要包括点估计和区间估计。通过本章学习，你应理解和领会抽样估计的原理；掌握使用样本数据对总体参数进行估计的基本方法，并能将其正确地运用于国民经济统计的分析推断之中。本章重要程度为★★★，多以单选题、多选题、名词解释、简答题、计算题形式出现。复习时，需要牢记抽样估计的原理，并掌握使用样本数据对总体参数进行估计的基本方法。知识点中划线部分需反复记忆，可充分利用书中"小笔记"部分进行书写，确保熟记于心，自如运用到考试中。

学习目标

　　通过本章学习，你将掌握以下知识点：

1. 抽样方法、抽样分布的概念。

2. 点估计、区间估计的概念和方法。

PART 1　本章知识宝图

"抽样估计"部分共四小节，分别用星标做重要程度标注，★★★为高频考点，★★为中频考点，★为一般考点，可循序渐进复习。

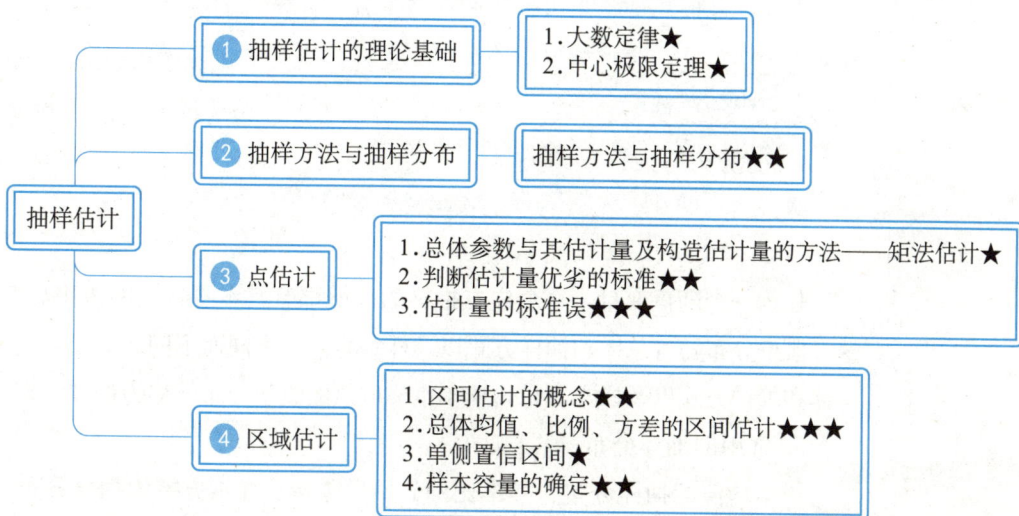

抽样估计
- ① 抽样估计的理论基础
  - 1.大数定律★
  - 2.中心极限定理★
- ② 抽样方法与抽样分布
  - 抽样方法与抽样分布★★
- ③ 点估计
  - 1.总体参数与其估计量及构造估计量的方法——矩法估计★
  - 2.判断估计量优劣的标准★★
  - 3.估计量的标准误★★★
- ④ 区域估计
  - 1.区间估计的概念★★
  - 2.总体均值、比例、方差的区间估计★★★
  - 3.单侧置信区间★
  - 4.样本容量的确定★★

PART 2　名师伴读

名师伴读，码上听课

本视频包含估计量的标准误等。

登录 www.rdlearning.cn 观看完整内容。

人大芸窗职教学苑名师伴读系列

PART 3　高频考点

▶ **考点 021　大数定律**

【★三级考点，单选题】

伯努利大数定律和辛钦大数定律。

▶ **考点 022　中心极限定理**

【★三级考点，单选题】

林德贝格-勒维中心极限定理和德莫佛-拉普拉斯中心极限定理。

▶ **考点 023　抽样方法与抽样分布**

【★★二级考点，单选题、多选题、名词解释】

小笔记

1. 重复抽样

假设有限总体中所包含的个体数为 N，重复抽样可以认为是有限总体条件下的简单随机抽样。

2. 不重复抽样

不重复抽样也称不重置抽样或不放回抽样，是指每次从有限总体中随机抽取一个个体，登记结果后不放回原总体，下一个个体继续从总体中余下的个体中随机抽取。

3. 其他抽样方法

简单随机抽样、类型抽样、等距抽样及整群抽样。

4. 抽样分布

作为一个随机变量，每个样本指标的取值都有其本身特定的概率分布，这一概率分布随着总体和抽样方式以及样本容量的不同而不同。对于给定的总体和抽样方式以及样本容量，样本指标取值的概率分布就称为抽样分布。

5. 常用的抽样分布

样本均值的抽样分布、样本比例的抽样分布、样本方差的抽样分布。

易 考 点

不重复抽样，也称不重置抽样或不放回抽样，是指每次从有限总体中随机抽取一个个体，登记结果后不放回原总体，下一个个体继续从总体中余下的个体中随机抽取。

▶ 考点 024　总体参数与其估计量及构造估计量的方法——矩法估计

【★三级考点，单选题】

1. 总体参数与其估计量

用来推断总体指标的样本必须对总体具有充分的代表性，这就要求所用样本必须是从总体中随机抽取出来的随机样本。假设总体容量为 N，样本容量为 n，对所考察的某个观测变量 X，样本观测值为 $x_1, x_2, \cdots, x_n$。由于样本总是从总体中抽取出来的，所以，样本观测值中包含所有有要推断的总体指标数值的相关信息，这些信息集中起来构成一个样本指标，称为一个统计量，该统计量就可用来估计所需要的总体指标的数值。这种用来估计总体指标数值的统计量又称为该总体指标的估计量，该估计量的数值就称为该总体指标的估计值。

2. 构造估计量的方法——矩法估计

对于一个给定的总体指标，用什么样本指标作为其估计量，这是抽样估计首先要解决的问题。构造估计量的方法目前有多种，其中最直观、最简单也是较为常用的方法就是矩法估计。

▶ 考点 025　判断估计量优劣的标准

【★★二级考点，多选题、简答题】

1. 一致性

对于总体指标，其估计量的取值随着样本容量的增大越来越接近总体指标的真值，则该估计量就称为总体指标的一致估计量。一致性是对估计量的最基本的要求。

2. 无偏性

用样本指标去估计总体指标必然存在着估计误差，但是却不应该存在系统性的偏差，即不应该存在一贯偏大或偏小的偏差。因此，有无系统性偏差存在就可以作为判断估计量优劣的标准。

3. 有效性

用样本指标来估计总体指标，显然估计误差越小越好，根据这一直观想法，可得出判断估计量优劣的第三个指标，两个无偏估计量比较，方差较小者较为有效。

4. 充分性

在统计实践中，样本资料的取得往往需要耗费人力、财力和时间，因此，在进行总体指标的估计时，应充分利用样本资料提供的信息，以免造成浪费。

5. 稳健性

在样本数据的采集和整理过程中，难免会发生一些差错，造成样本数据的污染。显然，用来估计总体指标的样本指标抗污染能力的强弱，也是衡量该估计量优劣的一个标准。

易 考 点

判断估计量优劣的主要标准。

▶ 考点 026　估计量的标准误

【★★★一级考点，单选题、多选题、名词解释、简答题、计算题】

1. 标准误

样本估计量的标准差通常称为该估计量的标准误差，简称标准误，计算公式为：

$$\sigma_{\hat{\theta}} = \sqrt{D(\hat{\theta})} = \sqrt{E\left[\hat{\theta} - E(\hat{\theta})\right]^2}$$

2. 标准误的计算

（1）**样本均值的标准误：**

有放回抽样：$\hat{\sigma}_{\bar{x}} = \dfrac{s}{\sqrt{n}}$

不放回抽样：$\hat{\sigma}_{\bar{x}} = \sqrt{\dfrac{s^2}{n}\left(1 - \dfrac{n}{N}\right)}$

（2）**样本比例的标准误：**

有放回抽样：$\hat{\sigma}_P = \sqrt{\dfrac{p(1-p)}{n}}$

不放回抽样：$\hat{\sigma}_P = \sqrt{\dfrac{p(1-p)}{n}\left(1 - \dfrac{n}{N}\right)}$

3. **影响标准误的因素**

影响标准误的因素有：总体中各个体之间的差异程度；样本容量的大小；抽样的方式与方法。

易 考 点

样本均值的标准误：

有放回抽样：$\hat{\sigma}_{\bar{x}} = \dfrac{s}{\sqrt{n}}$

不放回抽样：$\hat{\sigma}_{\bar{x}} = \sqrt{\dfrac{s^2}{n}\left(1 - \dfrac{n}{N}\right)}$

▶ **考点 027　区间估计的概念**

【★★二级考点，单选题】

在事先给定的概率保证程度下，根据样本估计量的概率分布，确定可能包含未知总体参数的某个区间，作为对未知总体参数的估计。

▶ **考点 028　总体均值、比例、方差的区间估计**

【★★★一级考点，单选题、多选题、名词解释、简答题、计算题】

1. **总体均值的区间估计**

（1）大样本情形下，总体均值的区间估计。

在事先给定的 $1-\alpha$ 的概率保证下，总体均值 μ 的置信区间为：

$$\left(\bar{x} - z_{\alpha/2}\dfrac{\sigma}{\sqrt{n}}, \bar{x} + z_{\alpha/2}\dfrac{\sigma}{\sqrt{n}}\right)$$

抽样估计的极限误差为：

$$\delta = z_{\alpha/2} \frac{\sigma}{\sqrt{n}}$$

（2）小样本情形下，正态总体均值的区间估计。

对于来自正态总体的一个小样本，在给定的置信概率 $1-\alpha$ 之下，总体均值 μ 的置信区间为：

$$\left(\bar{x} - t_{\alpha/2} \frac{\sigma}{\sqrt{n}}, \bar{x} + t_{\alpha/2} \frac{\sigma}{\sqrt{n}} \right)$$

抽样估计的极限误差为：

$$\delta = t_{\alpha/2} \frac{\sigma}{\sqrt{n}}$$

2. 总体比例的区间估计

在 $1-\alpha$ 的置信概率之下总体比例 P 的置信区间为：

$$\left(p - z_{\alpha/2} \sqrt{\frac{p(1-p)}{n}}, p + z_{\alpha/2} \sqrt{\frac{p(1-p)}{n}} \right)$$

抽样估计误差的极误差限为：

$$\delta = z_{\alpha/2} \sqrt{\frac{p(1-p)}{n}}$$

3. 总体方差的区间估计

总体方差 σ^2 的置信区间为：

$$\left(\frac{(n-1)S^2}{\chi_{\alpha/2}^2}, \frac{(n-1)S^2}{\chi_{1-\alpha/2}^2} \right)$$

易 考 点

在 $1-\alpha$ 的置信概率之下，抽样估计的极限误差：$\delta = z_{\alpha/2} \sqrt{\dfrac{p(1-p)}{n}}$。

▶ 考点 029 单侧置信区间

【★三级考点，单选题】

根据问题的性质将待估总体指标的上置信限或下置信限制定在其上界或下界值上，并根据给定的置信概率求出另一置信限而得到的置信区间。对于给定的置信率 $1-\alpha$，若有：

$$P(\hat{\theta}_L < \theta < \theta_U) = 1-\alpha$$

或有：

$$P(\theta_L < \theta < \hat{\theta}_U) = 1-\alpha$$

则称区间 $(\hat{\theta}_L, \theta_U)$ 和 $(\theta_L, \hat{\theta}_U)$ 为总体指标 θ 的单侧置信区间。

考点030 样本容量的确定

【★★二级考点，单选题】

1. 有放回简单随机抽样的必需最小样本容量计算公式为：

$$n = \frac{z_{\alpha/2}\sigma^2}{\delta^2}$$

2. 不放回简单随机抽样的必需最小样本容量计算公式为：

$$n_1 = \frac{n_0}{1 + \frac{n_0}{N}}$$

易 考 点

1. 有放回简单随机抽样的必需最小样本容量计算公式为：

$$n = \frac{z_{\alpha/2}\sigma^2}{\delta^2}$$

2. 不放回简单随机抽样的必需最小样本容量计算公式为：

$$n_1 = \frac{n_0}{1 + \frac{n_0}{N}}$$

PART 4 难点回顾

🔍 不重复抽样，也称不重置抽样或不放回抽样，是指每次从有限总体中随机抽取一个个体，登记结果后不放回原总体，下一个个体继续从总体中余下的个体中随机抽取。

🔍 其他抽样方法：简单随机抽样、类型抽样、等距抽样及整群抽样。

🔍 样本均值的标准误：有放回抽样：$\hat{\sigma}_{\bar{x}} = \frac{s}{\sqrt{n}}$；不放回抽样：$\hat{\sigma}_{\bar{x}} = \sqrt{\frac{s^2}{n}(1 - \frac{n}{N})}$。

🔍 样本比例的标准误：有放回抽样：$\hat{\sigma}_P = \sqrt{\frac{p(1-p)}{n}}$；不放回抽样：$\hat{\sigma}_P = \sqrt{\frac{p(1-p)}{n}(1 - \frac{n}{N})}$。

🔍 有放回简单随机抽样的必需最小样本容量计算公式：$n = \frac{z_{\alpha/2}\sigma^2}{\delta^2}$。

🔍 不放回简单随机抽样的必需最小样本容量计算公式：$n_1 = \frac{n_0}{1 + \frac{n_0}{N}}$。

过考百科

德莫佛（1667—1754），法文原名 Abraham de Moivre，法国数学家。德莫佛对数学最著名的贡献是德莫佛公式（de Moivre Formula）和德莫佛-拉普拉斯中心极限定理，以及他对正态分布和概率理论的研究。德莫佛是解析几何和概率理论的先驱之一，他最早发现了一个二项分布的近似公式，这一公式被认为是正态分布的首次露面。

PART 5　真题演练

一、单选题

1.【2018 年 10 月】样本均值的概率分布属于（　　）。

A. 抽样分布　　　　B. 总体分布　　　　C. 误差分布　　　　D. 组距分布

2.△【2019 年 4 月】从 100 个产品中随机抽取一个登记后将其放回再抽取第二个登记，放回后再抽取第三个，如此反复。这种抽样方法是（　　）。

A. 重复抽样　　　B. 不重复抽样　　C. 非随机抽样　　　D. 主观抽样

3. 作为一个好的估计量，最直观、最基本的要求就是估计误差应该随着样本容量的增大而（　　）。

A. 减小　　　　　B. 增大　　　　　C. 不变　　　　　D. 不确定

4. 抽样推断中，抽取样本需要遵循的基本原则是（　　）。

A. 全面原则　　　B. 随机原则　　　C. 及时原则　　　D. 系统原则

5. 采用不重复抽样，同次试验中每个个体被抽中的概率是（　　）。

A. 变动的　　　　B. 不确定的　　　C. 不同的　　　　D. 相同的

二、多选题

1.△【2016 年 10 月】抽样估计中影响标准误的主要因素有（　　）。

A. 抽样的方法　　　　　　　　　B. 抽样的方式

C. 样本容量的大小　　　　　　　D. 抽样的时间

E. 总体中各个体之间的差异程度

2.△【2017 年 4 月】影响估计量标准误大小的因素有（　　）。

A. 抽样方法　　　　　　　　　　B. 样本容量

C. 抽样地点　　　　　　　　　　D. 抽样方式

E. 总体中各个体之间的差异程度

易错题

单选1、3，多选1、2，需要牢牢掌握知识点，认真审题，避免作答失误。

△表示高频考点。

三、名词解释

1. 不重复抽样

2. 标准误

四、简答题

1. 简述影响均值估计量标准误的因素。

2. 简述估计量优劣的评价标准。

五、计算题

1. 某企业为检验产品质量，对某批产品进行抽样调查，随机抽取了100件产品，合格率为92%。试以95.45%（$Z_{a/2}=2$）的概率保证对该批次产品合格率进行区间估计。

2. 从某批产品中按重复抽样方式随机抽取了100件作为检测的样本，测得样本产品的平均重量为63克，标准差为8克，计算平均重量的标准误。

PART 6 答案解析 ✖

一、单选题

1. 答案：A

解析：对于给定的总体和抽样方式以及样本容量，样本指标取值的概率分布就称为抽样分布，所以样本均值的概率分布属于抽样分布。

2. 答案：A

解析：取出又放回，再取出再放回，样本总容量不变，抽到的概率是一样的。这种抽样方法被称为重复抽样。

3. 答案：A

解析：对于总体指标，其估计量的取值随着样本容量的增大越来越接近总体指标的真值，证明样本估计误差越小，则该估计量就称为总体指标的一致估计量。一致性是对估计量的最基本的要求。

4. 答案：B

解析：抽样推断中，抽取样本需要遵循的基本原则是随机原则。

5. 答案：D

解析：不重复抽样（不重置抽样或不放回抽样）是指每次从有限总体中随机抽取一个

个体，登记结果后不放回原总体，下一个个体继续从总体中余下的个体中随机抽取。其特点是：n 个个体的样本由 n 次抽取结果组成；每次抽取的结果不独立；同次试验中每个个体被抽中的概率相同，但不同次试验中每个个体被抽中的概率是不同的。

二、多选题

1. 答案：ABCE

解析：影响标准误的因素：总体中各个体之间的差异程度；样本容量的大小；抽样的方式与方法。

2. 答案：ABDE

解析：同多选题第 1 题的解析。

三、名词解释

1. 不重复抽样

答：不重复抽样是指每次从有限总体中随机抽取一个个体，登记结果后不放回原总体，下一个个体继续从总体中余下的个体中随机抽取。

2. 标准误

答：样本估计量的标准差通常称为该估计量的标准误差，简称标准误。

四、简答题

1. 简述影响均值估计量标准误的因素。

答：影响均值估计量标准误的因素有：总体中各个体之间的差异程度；样本容量的大小；抽样的方式与方法。

2. 简述估计量优劣的评价标准。

答：判断估计量优劣的标准为：一致性、无偏性、有效性、充分性、稳健性。

五、计算题

1. 某企业为检验产品质量，对某批产品进行抽样调查，随机抽取了 100 件产品，合格率为 92％。试以 95.45％（$Z_{a/2}=2$）的概率保证对该批次产品合格率进行区间估计。

答案：

$$\delta = Z_{a/2}\sqrt{\frac{p(1-p)}{n}} = 2 \times \sqrt{\frac{0.92 \times 0.08}{100}} = 5.43\%$$

置信区间为：$92\% - 5.43\% < p < 92\% + 5.43\%$，即 $86.57\% < p < 97.43\%$。

2. 从某批产品中按重复抽样方式随机抽取了 100 件作为检测的样本，测得样本产品的平均重量为 63 克，标准差为 8 克，计算平均重量的标准误。

答案：

$$标准误：\hat{\sigma}_{\bar{x}} = \frac{s}{\sqrt{n}} = \frac{8}{\sqrt{100}} = 0.8$$

恭喜你完成"抽样估计"部分的学习，全书章节进度已完成 5/11。做最好的今天，回顾最好的昨天，迎接最美好的明天。在此，记录下你的学习心得吧。

第六章　相关与回归分析

备考指南

　　"相关与回归分析"部分要求你掌握对客观现象之间的相互依存关系进行分析的方法。分析现象之间存在什么样的关系、相关关系的密切程度，并且用一定的数量表现出来，在此基础上掌握回归分析的概念，并能应用一元回归分析方法进行实际问题的分析。本章重要程度为★★，多以单选题、多选题、简答题、计算题、论述题形式出现。复习时，需要牢记相关关系、回归分析的概念与方法，知识点中划线部分需反复记忆。可充分利用书中"小笔记"部分进行书写，确保熟记于心，自如运用到考试中。

学习目标

　　通过本章学习，你将掌握以下知识点：

1. 相关关系的概念。

2. 相关关系的描述。

3. 相关关系的测度方法。

4. 回归分析的概念与应用。

PART 1 本章知识宝图 ✐

"相关与回归分析"部分共三小节，分别用星标做重要程度标注，★★★为高频考点，★★为中频考点，★为一般考点，可循序渐进复习。

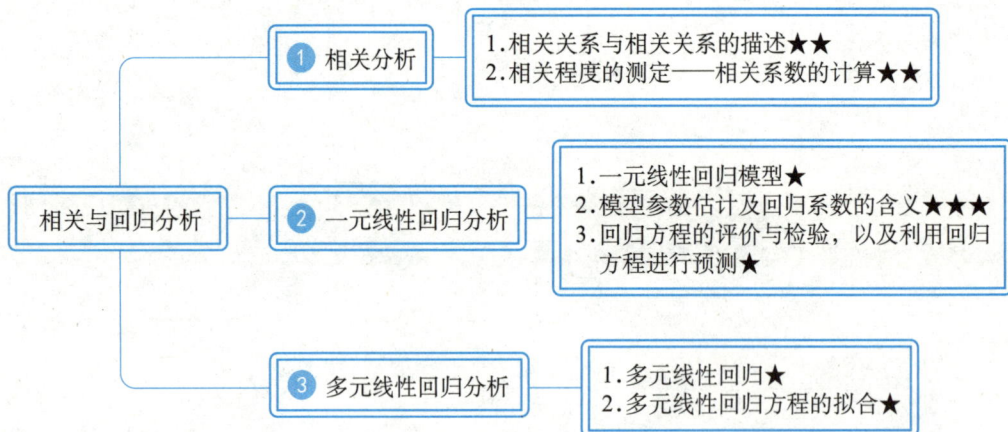

```
                                    ┌─ 1.相关关系与相关关系的描述★★
                         ① 相关分析 ─┤
                                    └─ 2.相关程度的测定——相关系数的计算★★

                                       ┌─ 1.一元线性回归模型★
相关与回归分析 ─┤   ② 一元线性回归分析 ─┤  2.模型参数估计及回归系数的含义★★★
                                       └─ 3.回归方程的评价与检验，以及利用回归
                                            方程进行预测★

                                       ┌─ 1.多元线性回归★
                         ③ 多元线性回归分析 ─┤
                                       └─ 2.多元线性回归方程的拟合★
```

PART 2 名师伴读 🎧

名师伴读，码上听课

本视频包含相关关系与相关关系的描述等。

登录 www.rdlearning.cn 观看完整内容。

人大芸窗职教学苑名师伴读系列

PART 3 高频考点 ✐

小笔记

▶ **考点 031 相关关系与相关关系的描述**

【★★二级考点，单选题】

1. 相关关系

存在着一定的联系，但又不是严格的、确定的关系，称为相关关系。

相关分析主要是分析现象之间是否存在相关关系，以及相关关系的方向、形式和关系的密切程度。

相关分析的内容：确定现象之间有无相关关系、确定相关关系的表现形式、测定相关关系的密切程度。

2. 相关关系的描述——散点图

（1）相关的形态。若变量 Y 与变量 X 的相关关系表现为线性组合，或绘制的散点图近似地表现为一条直线，则称之为线性相关；若 Y 与 X

是非线性组合，或绘制的散点图近似地表现为一条曲线，则称之为非线性相关或曲线相关。

（2）**相关的方向**。当两个变量的变动方向相同，即一个变量增加，另一个变量也相应地增加，或一个变量减少，另一个变量也相应地减少，两个变量之间的关系称为正相关；若两个变量变动的方向相反，即一个变量增加的同时，另一个变量随之减少，则两个变量之间的关系称为负相关。

易考点

相关的形态：若变量 Y 与变量 X 的相关关系表现为线性组合，或绘制的散点图近似地表现为一条直线，则称之为线性相关；若 Y 与 X 是非线性组合，或绘制的散点图近似地表现为一条曲线，则称之为非线性相关或曲线相关。

考点 032　相关程度的测定——相关系数的计算

【★★二级考点，单选题、计算题】

$$r = \frac{\sum_{i=1}^{n}(x_i-\bar{x})(y_i-\bar{y})}{\sqrt{\sum_{i=1}^{n}(x_i-\bar{x})^2(y_i-\bar{y})^2}}$$

$$= \frac{n\sum_{i=1}^{n}x_iy_i-\sum_{i=1}^{n}x_i\sum_{i=1}^{n}y_i}{\sqrt{n\sum_{i=1}^{n}x_i^2-(\sum_{i=1}^{n}x_i)^2}\sqrt{n\sum_{i=1}^{n}y_i^2-(\sum_{i=1}^{n}y_i)^2}}$$

相关系数的性质与具体含义：

（1）r 的取值范围在 $-1\sim1$，即 $-1\leqslant r\leqslant1$。$r>0$ 表明两个变量之间存在正线性相关关系；$r<0$ 表明两个变量之间存在负线性相关关系；当 $|r|=1$ 时，表现为完全相关；当 $r=0$ 时，表现为无线性相关；当 $0<|r|<1$，表现为不完全相关。

（2）r 具有对称性。x 与 y 之间的相关系数与 y 与 x 之间的相关系数相等。

（3）r 数值的大小与 x 和 y 的计量尺度无关。

（4）r 是两个变量之间线性关系的度量指标，但无法反映两变量之间的因果关系。

易 考 点

r 的取值范围在 $-1 \sim 1$，即 $-1 \leqslant r \leqslant 1$。$r > 0$ 表明两个变量之间存在正线性相关关系；$r < 0$ 表明两个变量之间存在负线性相关关系；当 $|r| = 1$ 时，表现为完全相关；当 $r = 0$ 时，表现为无线性相关；当 $0 < |r| < 1$ 时，表现为不完全相关。

▶ 考点 033　一元线性回归模型

【★三级考点，单选题】

1. 一元线性回归模型的理论模型

$$y = \beta_0 + \beta_1 x + \varepsilon$$

一般我们称 y 为被解释变量（因变量），称 x 为解释变量（自变量），其中 β_0 为回归常数，β_1 为回归系数，ε 为随机误差项。

2. 估计的一元线性回归方程

理论回归模型中的参数是未知的，回归分析的主要任务之一就是通过样本观测值 (y_i, x_i) 对 β_0, β_1 进行估计，在此用 b_0, b_1 分别表示 β_0, β_1 的估计值，则称 $\hat{y} = b_0 + b_1 x$ 为估计的线性经验回归方程，或估计的线性回归方程。

▶ 考点 034　模型参数估计及回归系数的含义

【★★★一级考点，单选题、计算题】

1. 模型参数估计

普通最小二乘法，参数估计值的计算公式为：

$$\begin{cases} b_1 = \dfrac{n \sum xy - \sum x \sum y}{n \sum x^2 - \left(\sum x \right)^2} \\ b_0 = \bar{y} - b_1 \bar{x} = \dfrac{\sum y}{n} - b_1 \dfrac{\sum x}{n} \end{cases}$$

2. 回归系数的含义

$\hat{y} = b_0 + b_1 x$ 中的 b_0 是直线的截距，表示当解释变量为 0 时 y 的平均值。回归系数 b_1 是直线的斜率，表示解释变量 x 每增加一个单位，被解释变量将相应地平均变化 b_1 个单位。

易 考 点

$\hat{y} = b_0 + b_1 x$ 中的 b_0 是直线的截距，表示当解释变量为 0 时 y 的平均值。回归系数 b_1 是直线的斜率，表示解释变量 x 每增加一个单位，被解释变量将相应地平均变化 b_1 个单位。

▶ **考点 035　回归方程的评价与检验，以及利用回归方程进行预测**

【★三级考点，单选题】

1. 回归方程的评价与检验

（1）经济意义检验。

利用相关的经济学原理及我们所积累的丰富的经验，对所估计的回归方程的回归系数进行分析与判断。

（2）回归方程的拟合程度分析。

1）判定系数：

$$R^2 = \frac{\sum\limits_{i=1}^{n}(\hat{y}_i - \bar{y})^2}{\sum\limits_{i=1}^{n}(y_i - \bar{y})^2} = 1 - \frac{\sum\limits_{i=1}^{n}(y_i - \hat{y}_i)^2}{\sum\limits_{i=1}^{n}(y_i - \bar{y})^2}$$

2）估计标准误差：

$$s_e = \sqrt{\frac{\sum\limits_{i=1}^{n}(y_i - \hat{y}_i)^2}{n - p - 1}}$$

3）回归系数的显著性检验——t 检验。

$t = \dfrac{b_1}{\sqrt{\operatorname{var}(b_1)}}$，其中 $\sqrt{\operatorname{var}(b_1)}$ 为回归系数的标准差，计算公式为：

$$\sqrt{\operatorname{var}(b_1)} = \sqrt{\frac{s_e^{\ 2}}{\sum\limits_{i=1}^{n}(x - \bar{x})^2}}$$

4）回归方程线性关系的显著性检验——F 检验。

$$F = \frac{\dfrac{SSR}{p}}{\dfrac{SSE}{n - p - 1}} = \frac{\sum\limits_{i=1}^{n}(\hat{y}_i - \bar{y})^2}{\dfrac{\sum\limits_{i=1}^{n}(y_i - \hat{y}_i)^2}{(n - 2)}}$$

2. 利用回归方程进行预测

（1）y 平均值的置信区间。

在 $x = x_0$、$1 - \alpha$ 的置信度下，y_0 的平均值的置信区间计算公式如下：

$$\hat{y}_0 \pm t_{\frac{\alpha}{2}} s_e \sqrt{\frac{1}{n} + \frac{(x_0 - \bar{x})^2}{\sum\limits_{i=1}^{n}(x_i - \bar{x})^2}}$$

（2）y 个别值的预测区间。

在 $x = x_0$、$1 - \alpha$ 的置信度下，y_0 的个别值的置信区间计算公式如下：

$$\hat{y}_0 \pm t_{\frac{\alpha}{2}} s_e \sqrt{1 + \frac{1}{n} + \frac{(x_0 - \bar{x})^2}{\sum\limits_{i=1}^{n} (x_i - \bar{x})^2}}$$

易 考 点

估计标准误差：$s_e = \sqrt{\dfrac{\sum\limits_{i=1}^{n} (y_i - \hat{y}_i)^2}{n - p - 1}}$

▶ **考点 036　多元线性回归**

【★三级考点，单选题】

多元线性回归方程的理论方程为：

$$y = \beta_0 + \beta_1 x_1 + \cdots + \beta_p x_p + \varepsilon$$

估计的线性经验回归方程或估计的线性回归方程为：

$$\hat{y} = b_0 + b_1 x_1 + \cdots + b_p x_p + \varepsilon$$

易 考 点

多元线性回归方程的理论方程为：

$$y = \beta_0 + \beta_1 x_1 + \cdots + \beta_p x_p + \varepsilon$$

估计的线性经验回归方程或估计的线性回归方程为：

$$\hat{y} = b_0 + b_1 x_1 + \cdots + b_p x_p + \varepsilon$$

▶ **考点 037　多元线性回归方程的拟合**

【★三级考点，单选题】

对于二元线性回归方程，其回归方程为：

$$\hat{y} = b_0 + b_1 x_1 + b_2 x_2$$

$$\begin{cases} -2\sum\limits_{i=1}^{n} (y_i - b_0 - b_1 x_{1i} - b_2 x_{2i}) = 0 \\[2mm] -2\sum\limits_{i=1}^{n} (y_i - b_0 - b_1 x_{1i} - b_2 x_{2i}) x_{1i} = 0 \\[2mm] -2\sum\limits_{i=1}^{n} (y_i - b_0 - b_1 x_{1i} - b_2 x_{2i}) x_{2i} = 0 \end{cases}$$

$$\sum_{i=1}^{n} y_i = nb_0 + b_1 \sum_{i=1}^{n} x_{1i} + b_2 \sum_{i=1}^{n} x_{2i}$$

$$\sum_{i=1}^{n} x_{1i}y_i = b_0 \sum_{i=1}^{n} x_{1i} + b_1 \sum_{i=1}^{n} x_{1i}^2 + b_2 \sum_{i=1}^{n} x_1 x_2$$

$$\sum_{i=1}^{n} x_{2i}y_i = b_0 \sum_{i=1}^{n} x_{2i} + b_1 \sum_{i=1}^{n} x_{1i}x_{2i} + b_2 \sum_{i=1}^{n} x_{2i}^2$$

PART 4　难点回顾

🔍 **相关的形态。** 若变量 Y 与变量 X 的相关关系表现为线性组合，或绘制的散点图近似地表现为一条直线，则称之为线性相关；若 Y 与 X 是非线性组合，或绘制的散点图近似地表现为一条曲线，则称之为非线性相关或曲线相关。

🔍 **相关的方向。** 当两个变量的变动方向相同，即一个变量增加，另一个变量也相应地增加，或一个变量减少，另一个变量也相应地减少，两个变量之间的关系称为正相关；若两个变量变动的方向相反，即一个变量增加的同时，另一个变量随之减少，则两个变量之间的关系称为负相关。

🔍 r 的取值范围在 $-1 \sim 1$，即 $-1 \leqslant r \leqslant 1$。$r > 0$ 表明两个变量之间存在正线性相关关系；$r < 0$ 表明两个变量之间存在负线性相关关系；当 $|r| = 1$ 时，表现为完全相关；当 $r = 0$ 时，表现为无线性相关；当 $0 < |r| < 1$，表现为不完全相关。

PART 5 真题演练

一、单选题

1.【2016 年 4 月】相关系数 r 的取值范围是（　　）。

A. $r=0$ 　　　　B. $-1 \leqslant r \leqslant 0$ 　　　　C. $0 \leqslant r \leqslant 1$ 　　　　D. $-1 \leqslant r \leqslant 1$

2.【2017 年 4 月】下列选项中，可以量化两个变量之间相关程度的是（　　）。

A. 散点图 　　　　B. 直方图 　　　　C. 相关系数 　　　　D. 弹性系数

3.【2017 年 4 月】若回归方程为 $y=500-0.8x$，则变量 x 和 y 之间的关系是（　　）。

A. 正相关 　　　　B. 负相关 　　　　C. 曲线相关 　　　　D. 指数相关

4.【2017 年 10 月】当两个变量的变动方向相反时，这两个变量之间的相关关系称为（　　）。

A. 正相关 　　　　B. 负相关 　　　　C. 不相关 　　　　D. 复相关

5.【2018 年 4 月】已知两个变量高度正相关，其相关系数的取值最可能落入（　　）。

A. $0.2 \sim 0.4$ 　　　　　　　　B. $0.5 \sim 0.6$

C. $0.8 \sim 1.0$ 　　　　　　　　D. $1.1 \sim 2.0$

二、多选题

1. △【2018 年 4 月】按照相关方向，两个变量的相关关系可分为（　　）。

A. 正相关 　　　　B. 负相关 　　　　C. 复相关

D. 线性相关 　　　　E. 非线性相关

2. △【2018 年 10 月】关于回归方程 $\hat{y}=395+0.98x$，下列陈述中正确的有（　　）。

A. x 与 y 正相关 　　　　　　　B. x 与 y 负相关

C. x 与 y 线性相关 　　　　　　D. x 与 y 非线性相关

E. 回归系数是 0.98

易 错 题

单选题 1、3、4，多选题 1、2，需要牢牢掌握知识点，认真审题，避免作答失误。△表示高频考点。

三、简答题

简述相关分析的主要内容。

四、计算题

1. 已知菜产品销售资料如下：

年份	销售量（千件）y	价格（元/件）x	x^2	xy
20×0	4	59	3 481	236
20×1	8	54	2 916	432
20×2	7	56	3 136	392
20×3	9	57	3 249	513
20×4	10	53	2 809	530
20×5	8	57	3 249	456
合计	46	336	18 840	2 559

要求：用最小二乘法建立销售量与价格的线性回归方程（$\hat{y} = b_0 + b_1 x$）。

2. 已知某商品价格（x）和销售量（y）的相关数据：$n = 10$，$\sum x = 20$，$\sum x^2 = 80$，$\sum y = 30$，$\sum y^2 = 100$，$\sum xy = 70$。计算该商品价格和销售量之间的相关系数。

五、论述题

试述相关分析的主要内容。

PART 6 答案解析 🛠

一、单选题

1. 答案：D

解析：相关系数 r 的取值范围是 $-1 \leqslant r \leqslant 1$。

2. 答案：C

解析：相关系数是用于度量两个变量 X 和 Y 之间的线性相关程度的指标，它比散点图等更能量化相关程度。

3. 答案：B

解析：-0.8 是负数，代表变量 x 和 y 是负相关。

4. 答案：B

解析：当两个变量的变动方向相同，即一个变量增加，另一个变量也相应地增加，或一个变量减少，另一个变量也相应地减少，两个变量之间的关系称为正相关；若两个变量变动的方向相反，即一个变量增加的同时，另一个变量随之减少，则两个变量之间的关系称为负相关。

5. 答案：C

解析：系数越大，越高度相关。

二、多选题

1. 答案：AB

解析：按照相关的方向，当两个变量的变动方向相同，即一个变量增加，另一个变量也相应地增加，或一个变量减少，另一个变量也相应地减少，两个变量之间的关系称为正相关；若两个变量变动的方向相反，即一个变量增加的同时，另一个变量随之减少，则两个变量之间的关系称为负相关。

2. 答案：ACE

解析：若变量 y 与变量 x 的相关关系表现为线性组合，称为线性相关。本题 x 与 y 线性相关。当两个变量的变动方向相同，即一个变量增加，另一个变量也相应地增加，两个变量之间的关系称为正相关，所以 x 与 y 正相关。回归系数是直线的斜率，本题中回归系数是 0.98。

三、简答题

简述相关分析的主要内容。

答：相关分析的主要内容有：确定现象之间有无相关关系、确定相关关系的表现形式、测定相关关系的密切程度。

四、计算题

1. 已知菜产品销售资料如下：

年份	销售量（千件）y	价格（元/件）x	x^2	xy
20×0	4	59	3 481	236
20×1	8	54	2 916	432
20×2	7	56	3 136	392
20×3	9	57	3 249	513
20×4	10	53	2 809	530
20×5	8	57	3 249	456
合计	46	336	18 840	2 559

要求：用最小二乘法建立销售量与价格的线性回归方程（$\hat{y} = b_0 + b_1 x$）。

答案：

$$b_1 = \frac{n \sum xy - \sum x \sum y}{n \sum x^2 - \left(\sum x \right)^2} = \frac{6 \times 2\,559 - 336 \times 46}{6 \times 18\,840 - 336^2} = -0.708$$

$$b_0 = \hat{y} - b_1 \bar{x} = \frac{46}{6} + 0.708 \times \frac{336}{6} = 47.31$$

$$\hat{y} = 47.31 - 0.708x$$

2. 已知某商品价格（x）和销售量（y）的相关数据：$n = 10$，$\sum x = 20$，$\sum x^2 = 80$，$\sum y = 30$，$\sum y^2 = 100$，$\sum xy = 70$。计算该商品价格和销售量之间的相关系数。

答案：

$$r = \frac{n \sum xy - \sum x \sum y}{\sqrt{n \sum x^2 - \left(\sum x \right)^2} \sqrt{n \sum y^2 - \left(\sum y \right)^2}}$$

$$= \frac{10 \times 70 - 20 \times 30}{\sqrt{10 \times 80 - 20^2} \sqrt{10 \times 100 - 30^2}}$$

$$= 0.5$$

五、论述题

试述相关分析的主要内容。

答：（1）确定现象之间有无相关关系。这是相关分析的起点，只有存在相关关系，才有必要进行进一步的分析。

（2）确定相关关系的表现形式。只有判明了现象之间的相关关系的具体表现形式，才能运用相应的回归分析方法去解决，如果把曲线相关误认为是直线相关，按直线相关来分析，便会出现认识上的偏差，导致错误的结论。

（3）测定相关关系的密切程度。现象之间的相关关系是一种不严格的数量关系，因此给人的感觉是松散的。相关分析就是要从这种松散的数量关系中，判定其相关关系的密切程度。

恭喜你完成了"相关与回归分析"部分的学习，全书章节进度已完成6/11。不要羡慕别人的成功，那是牺牲了安逸换来的；不要羡慕别人的才华，那是私下的努力换来的；不要羡慕别人的成熟，那是经历与沧桑换来的。可以欣赏，但不要嫉妒，因为那都是别人应该得到的。在此，记录下你的学习心得吧。

第七章 时间数列分析与预测

通过"时间数列分析与预测"部分的学习，你应明确时间数列的概念、种类和编制原则；掌握时间数列水平指标的含义及计算方法；掌握时间数列速度指标的计算方法及应用；了解时间数列的构成要素；熟悉时间数列中测定长期趋势的方法；熟悉季节变动分析的意义和计算方法。本章重要程度为★★，多以单选题、多选题、名词解释、简答题、计算题形式出现。复习时，需要牢记时间数列水平指标的含义及计算方法和应用。知识点中划线部分需反复记忆，可充分利用书中"小笔记"部分进行书写，确保熟记于心，自如运用到考试中。

学习目标

通过本章学习，你将掌握以下知识点：

1. 时间数列编制的原则。

2. 时间数列特征指标的计算。

3. 时间数列影响因素的分析。

4. 时间数列的长期趋势及季节变动的测定。

PART 1　本章知识宝图 ✍

"时间数列分析与预测"部分共三小节，分别用星标做重要程度标注，★★★为高频考点，★★为中频考点，★为一般考点，可循序渐进复习。

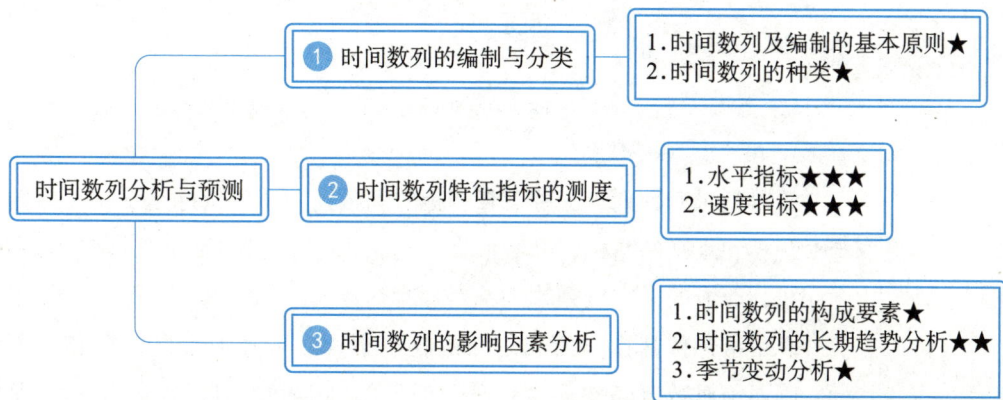

```
时间数列分析与预测 ─┬─ ① 时间数列的编制与分类 ─── 1.时间数列及编制的基本原则★
                    │                              2.时间数列的种类★
                    │
                    ├─ ② 时间数列特征指标的测度 ─── 1.水平指标★★★
                    │                              2.速度指标★★★
                    │
                    └─ ③ 时间数列的影响因素分析 ─── 1.时间数列的构成要素★
                                                    2.时间数列的长期趋势分析★★
                                                    3.季节变动分析★
```

PART 2　名师伴读 🎧

名师伴读，码上听课

本视频包含时间数列特征指标中的水平指标等。

登录 www.rdlearning.cn 观看完整内容。

人大芸窗职教学苑名师伴读系列

PART 3　高频考点 📏

▶ 考点 038　时间数列及编制的基本原则

【★三级考点，单选题】

1. 时间数列

时间数列是把不同时间上的同一指标数据按时间先后顺序排列所形成的数列。

2. 编制时间数列的基本原则

同一时间数列的数据所属时间长短及数据之间的间隔长度具有可比性；不同时期的数据核算范围应当一致；不同时期的数据的内容应具有一致性；计算价格和计量单位应具有一致性。

小笔记

小笔记

易 考 点

　　时间数列是把不同时间上的同一指标数据按时间先后顺序排列所形成的数列。

▶ 考点 039　时间数列的种类

【★三级考点，单选题】

1. 绝对数时间数列

　　绝对数时间数列，又称总量指标时间数列。总量指标是反映总体数量绝对规模和水平的指标，其数值大小受总体范围的影响，将其按时间先后顺序排列而成的时间数列称为绝对数时间数列。

　　总量指标按其指标所属时间的特点不同，可分为时期指标和时点指标，因而绝对数时间数列又可分为时期指标时间数列和时点指标时间数列。其中时期指标表明总体在一段时间内数量发展过程的积累结果，它是通过对一定时期内事物的数量进行连续登记并累计加总得到的。而时点指标是反映某一时刻或某一时点上的总量水平，其数值是通过对事物在某一时点上数量的登记，将同一时点上各部分数量加总得到的。

2. 相对数时间数列

　　相对数时间数列，又称相对指标时间数列，是将同类的相对指标按时间先后顺序排列起来形成的数列，它可以用来反映社会经济现象之间相互数量关系的发展过程。

3. 平均数时间数列

　　平均数时间数列，又称平均指标时间数列，是将同类指标数值按时间先后顺序排列起来形成的数列，它可以用来反映社会经济现象总体一般水平的发展变动趋势。

易 考 点

　　1. 绝对数时间数列，又称总量指标时间数列。总量指标是反映总体数量绝对规模和水平的指标，其数值大小受总体范围的影响，将其按时间先后顺序排列而成的时间数列称为绝对数时间数列。

　　2. 相对数时间数列，又称相对指标时间数列，是将同类的相对指标按时间先后顺序排列起来形成的数列，它可以用来反映社会经济现象之间相互数量关系的发展过程。

考点 040　水平指标

【★★★一级考点，单选题、计算题】

1. 发展水平

发展水平是指时间数列中的每个指标数值，反映现象在各个时期或时点上所达到的规模和水平。在对比不同时间的发展水平时，所研究时期的发展水平称为报告期水平，而作为对比基础的发展水平为基期水平。

2. 绝对数时间数列计算平均发展水平

（1）时期数列计算平均发展水平：

$$\bar{y} = \frac{\sum\limits_{i=1}^{n} y_i}{n}$$

（2）时点数列计算平均发展水平：

1）对于以"天"为统计间隔的时点数列，计算其序时平均数可用时期数列的公式。

2）对于统计时点间隔不是以"天"为单位的时点数列，计算其平均发展水平的方法有两种：

a. 间隔时间相等：

$$\bar{y} = \frac{\frac{y_1}{2} + y_2 + \cdots + \frac{y_n}{2}}{n-1}$$

b. 间隔时间不等：

$$\bar{y} = \frac{\left(\frac{y_1 + y_2}{2}\right)t_1 + \left(\frac{y_2 + y_3}{2}\right)t_2 + \cdots + \left(\frac{y_{n-1} + y_n}{2}\right)t_{n-1}}{\sum\limits_{i=1}^{n-1} t_i}$$

3. 相对数时间数列和平均数时间数列计算平均发展水平

先分别计算出分子、分母两个绝对数时间数列的平均发展水平，然后再对比求出相对数或平均数时间数列的平均发展水平。计算公式为：

$$\bar{y} = \frac{\bar{a}}{\bar{b}}$$

4. 增长量

增长量是指报告期水平与基期水平之差，它反映报告期较基期增长（或减少）的绝对数量。由于计算时采用的基期不同，增长量分为逐期增长量和累计增长量。

（1）逐期增长量：

逐期增长量＝报告期水平－前一期水平＝$y_i - y_{i-1}$

（2）累计增长量：

累计增长量＝报告期水平－某一固定期水平＝$y_i - y_0$

（3）逐期增长量与累计增长量的关系：

$$y_i - y_0 = \sum_{i=1}^{n}(y_i - y_{i-1})$$

5. 平均增长量

平均增长量是逐期增长量的序时平均数，它反映一定时期内平均每期增加（或减少）的绝对数量。平均增长量的计算公式为：

平均增长量＝逐期增长量之和/逐期增长量的项数

＝累计增长量/（数列项数－1）

易 考 点

1. 发展水平，是指时间数列中的每个指标数值，反映现象在各个时期或时点上所达到的规模和水平。

2. 增长量，是指报告期水平与基期水平之差，它反映报告期较基期增长（或减少）的绝对数量。由于计算时采用的基期不同，增长量分为逐期增长量和累计增长量。

3. 逐期增长量＝报告期水平－前一期水平＝$y_i - y_{i-1}$。

▶ 考点 041　速度指标

【★★★一级考点，单选题、计算题】

1. 发展速度

发展速度是报告期水平和基期水平之比，又称动态相对数，它反映报告期较基期发展变化的相对速度，计算公式为：

发展速度＝报告期水平/基期水平×100%

发展速度一般用百分数表示，有时也可以用倍数表示。由于采用的基期可以用前一期，也可以用固定时期作为对比基期，因而发展速度可分为环比发展速度和定基发展速度。

（1）环比发展速度：

环比发展速度＝报告期水平/前一期水平×100%＝$\dfrac{y_t}{y_{t-1}} \times 100\%$

（2）定基发展速度：

定基发展速度＝报告期水平/某一固定时期水平×100%＝$\dfrac{y_t}{y_0} \times 100\%$

（3）环比发展速度与定基发展速度的关系。

环比发展速度的连乘积等于对应的定基发展速度：

$$\frac{y_t}{y_0} = \frac{y_1}{y_0} \times \frac{y_2}{y_1} \times \cdots \times \frac{y_t}{y_{t-1}}$$

相邻时期的两个定基发展速度相除等于相应的环比发展速度：

$$\frac{y_t}{y_0} \div \frac{y_{t-1}}{y_0} = \frac{y_t}{y_{t-1}}$$

2. 增长速度

增长速度是增长量与基期水平对比的结果，是反映现象增长程度的动态相对指标，计算公式为：

$$增长速度 = 增长量/基期发展水平 \times 100\%$$
$$= (发展速度 - 1) \times 100\%$$

$$环比增长速度 = 逐期增长量/前一期发展水平 \times 100\%$$
$$= 环比发展速度 - 100\%$$

$$定基增长速度 = 累计增长量/某一固定时期发展水平 \times 100\%$$
$$= 定基发展速度 - 100\%$$

3. 平均发展速度与平均增长速度

$$平均增长速度 = 平均发展速度 - 100\%$$

平均发展速度的计算方法有水平法（几何平均法）和累计法（方程式法）两种。

（1）水平法（几何平均法）：

$$\bar{x} = \sqrt[n]{x_1 x_2 \cdots x_n} = \sqrt[n]{\frac{y_1}{y_0} \times \frac{y_2}{y_1} \times \cdots \times \frac{y_n}{y_{n-1}}} = \sqrt[n]{\frac{y_n}{y_0}}$$

（2）累计法（方程法）：

$$\bar{x} + \bar{x}^2 + \cdots + \bar{x}^{n-1} + \bar{x}^n = \frac{\sum_{i=1}^{n} y_i}{y_0}$$

易考点

1. 发展速度是报告期水平和基期水平之比，又称动态相对数，它反映报告期较基期发展变化的相对速度。

2. 发展速度＝报告期水平/基期水平×100％。

3. 环比发展速度＝报告期水平/前一期水平×100％＝$\frac{y_t}{y_{t-1}} \times 100\%$。

4. 增长速度是增长量与基期水平对比的结果，是反映现象增长程度的动态相对指标。

5. 平均增长速度＝平均发展速度－1。

考点 042 　 时间数列的构成要素

【★三级考点，单选题】

1. 长期趋势

长期趋势是指客观现象在一个相当长的时期内，受某种稳定性因素影响所呈现出的上升或下降趋势。

2. 季节变动

季节变动是时间数列受季节因素的影响，在一定时期内呈现出来的一种周期性的波动。

3. 循环变动

循环变动也是一种周期性的波动，但它是一种非固定周期长度且周期相对较长的周期性波动。

4. 不规则波动

不规则波动是指客观现象由于突发事件或偶然因素引起的无规律性的变动。

5. 构成模式

把这些构成要素和时间数列的关系用一定的数学模型表示，就构成了时间数列影响因素分解模型，一般常用的有加法模型和乘法模型。

考点 043 　 时间数列的长期趋势分析

【★★二级考点，单选题、计算题】

1. 长期趋势的确定——时间数列的修匀

(1) 时距扩大法，指把原来时间数列中各数据的时间距离扩大，求各数据的和或平均数，得出较长时间的时距资料，组成新的时间数列，用以消除由于时距较短受偶然因素影响所引起的波动。

(2) 移动平均法，指采取逐项依次递移的方法将时间数列的时距扩大，计算扩大时距后的序时平均数，形成一个新的时间数列。

2. 长期趋势模型的建立——趋势线配合

(1) 线性趋势模型：

$$\hat{Y} = a + bt$$

最小二乘法：
$$
\begin{cases}
b = \dfrac{n\sum\limits_{t=1}^{n} tY_t - \sum\limits_{t=1}^{n} t \sum\limits_{t=1}^{n} Y_t}{n\sum\limits_{t=1}^{n} t^2 - \left(\sum\limits_{t=1}^{n} t\right)^2} \\
a = \bar{Y} - b\bar{t}
\end{cases}
$$

（2）非线性趋势模型。

易 考 点

时距扩大法，指把原来时间数列中各数据的时间距离扩大，求各数据的和或平均数，得出较长时间的时距资料，组成新的时间数列，用以消除由于时距较短受偶然因素影响所引起的波动。

▶ 考点044 季节变动分析

【★三级考点，单选题】

（1）包含季节变动的时间数列构成模型：季节指数是某一月份或季度的数值与全年平均数值之比。

（2）季节指数的计算方法：简单平均法、移动平均趋势剔除法。

（3）简单平均法的优点是计算简便，但其也存在着缺陷：

第一，未能消除长期趋势的影响。

第二，季节指数的高低受各年数值大小的影响，数值大的年份，对季节指数影响大；数值小的年份，对季节指数影响小。

PART 4 难点回顾

🔍 发展速度＝报告期水平/基期水平×100％。

🔍 时距扩大法，指把原来时间数列中各数据的时间距离扩大，求各数据的和或平均数，得出较长时间的时距资料，组成新的时间数列，用以消除由于时距较短受偶然因素影响所引起的波动。

🔍 移动平均法，指采取逐项依次递移的方法将时间数列的时距扩大，计算扩大时距后的序时平均数，形成一个新的时间数列。

过考百科

时间数列由两个基本要素构成：一是被研究现象所属的时间；二是反映现象在各个时间上的发展水平，亦称动态水平。编制和研究时间数列，有着重要的意义。第一，通过时间数列的编制和分析，可以从事物在不同时间上的量变认识社会经济现象的发展变化的方向、程度、趋势和规律，为制定政策、制订计划提供依据。第二，通过对时间数列资料的研究，可以对某些经济现象进行预测。第三，对比不同的时间数列，可以揭示各种社会现象的不同发展方向、发展规律及其相互之间的变化关系。第四，利用时间数列，可以在不同地区或国家之间进行对比分析。

PART 5 真题演练

一、单选题

1.△【2016年4月】累计增长量等于相应时期的各个逐期增长量（　　）。

A. 之和　　　　　B. 之差　　　　　C. 之积　　　　　D. 之商

2.【2016年4月】如果现象的发展不受季节因素的影响，所计算的各季节指数应为（　　）。

A. 0　　　　　　B. 1　　　　　　C. −1　　　　　D. 2

3.△【2017年4月】下列选项中，指标数值大小与时间长短成正比的是（　　）。

A. 平均数　　　B. 相对数　　　C. 时点指标　　　D. 时期指标

4.△【2017年10月】某地区2015年生产总值为500亿元，2005年为300亿元，则该地区这一时期生产总值的年平均增长速度的算式是（　　）。

A. $\sqrt[9]{\dfrac{500}{300}}-1$　　B. $\sqrt[10]{\dfrac{500}{300}}-1$　　C. $\sqrt[9]{\dfrac{300}{500}}-1$　　D. $\sqrt[10]{\dfrac{300}{500}}-1$

二、多选题

1.【2017年10月】时间数列的构成要素包括（　　）。

A. 长期趋势　　　B. 季节变动　　　C 循环变动

D. 不规则波动　　　E. 时间变动

2.【2018年4月】时间数列的种类有（　　）。

A. 单值数列　　　　　B. 组距数列　　　　　C. 绝对数时间数列

D. 相对数时间数列　　　E. 平均数时间数列

易错题

单选题2、4，多选题1、2，需要牢牢掌握知识点，认真审题，避免作答失误。△表示高频考点。

三、名词解释

1. 增长速度

2. 时间数列

3. 季节变动

4. 增长量

四、简答题

1. 简述时间数列的构成要素。

2. 简述编制时间数列的基本原则。

五、计算题

1. 某地区 2015—2019 年某种产品的产量资料如下：

年份	序号 t	产量（百吨） y
2015	1	20
2016	2	22
2017	3	24
2018	4	27
2019	5	30

要求：试运用最小平方法拟合直线趋势方程，并预测 2020 年这种产品可能达到的产量。

2. 已知某地区 2014—2019 年地区生产总值资料如下：

年份	2014	2015	2016	2017	2018	2019
地区生产总值（亿元）	9 405	9 926	9 875	10 656	11 830	13 161

要求：计算 2014—2019 年各年的逐期增长量和环比增长速度。

3. 某种商品 2019 年 1—4 月各月初价格资料如下：

时间	1月1日	2月1日	3月1日	4月1日
价格（元）	10	13	9	12

要求：计算该商品一季度各月的平均价格和一季度的平均价格。

PART 6 答案解析

一、单选题

1. 答案：A

解析：累计增长量等于相应时期的各个逐期增长量之和。比如 2015—2018 年的增长量，是 2015—2016 年、2016—2017 年、2017—2018 年的增长量的累计之和。

2. 答案：B

解析：如果现象的发展不受季节因素的影响，也就是每个季度平均分配，那季节指数应该是 1。

3. 答案：D

解析：时期可以累积，所以时间越长，指标也会越大。其他的数值并不会随时间长短的变化而一起变化。

4. 答案：B

解析：$\bar{x} = \sqrt[n]{x_1 x_2 \cdots x_n} = \sqrt[n]{\dfrac{y_1}{y_0} \times \dfrac{y_2}{y_1} \times \cdots \times \dfrac{y_n}{y_{n-1}}} = \sqrt[n]{\dfrac{y_n}{y_0}}$

平均增长速度＝平均发展速度－1。先求平均发展速度，再求平均增长速度。

二、多选题

1. 答案：ABCD

解析：时间数列的构成要素如下：

（1）长期趋势，是指客观现象在一个相当长的时期内，受某种稳定性因素影响所呈现出的上升或下降趋势。

（2）季节变动，是时间数列受季节因素的影响，在一定时期内随季节变化呈现出来的一种周期性的波动。

（3）循环变动，也是一种周期性的波动，但它是一种非固定周期长度且周期相对较长的周期性波动。

（4）不规则波动，是指客观现象由于突发事件或偶然因素引起的无规律性的变动。

（5）构成模式。把这些构成要素和时间数列的关系用一定的数学模型表示，就构成了时间数列影响因素分解模型，一般常用的有加法模型和乘法模型。

2. 答案：CDE

解析：（1）绝对数时间数列，又称总量指标时间数列。

（2）相对数时间数列，又称相对指标时间数列。

（3）平均数时间数列，又称平均指标时间数列。

三、名词解释

1. 增长速度

答：增长速度是增长量与基期水平对比的结果，是反映现象增长程度的动态相对指标。

2. 时间数列

答：时间数列是把不同时间上的同一指标数据按时间先后顺序排列所形成的数列。

3. 季节变动

答：季节变动是时间数列受季节因素的影响，在一定时期内随季节变化呈现出来的一种周期性的波动。

4. 增长量

答：增长量是指报告期水平与基期水平之差，它反映报告期较基期增长（或减少）的绝对数量，由于计算时采用的基期不同，增长量分为逐期增长量和累计增长量。

四、简答题

1. 简述时间数列的构成要素。

答：（1）长期趋势：长期趋势是指客观现象在一个相当长的时期内，受某种稳定性因素影响所呈现出的上升或下降趋势。

（2）季节变动：季节变动是时间数列受季节因素的影响，在一定时期内随季节变化呈现出来的一种周期性的波动。

（3）循环变动：循环变动也是一种周期性的波动，但其是一种非固定周期长度且周期相对较长的周期性波动。

（4）不规则波动：不规则波动是指客观现象由于突发事件或偶然因素引起的无规律性的变动。

（5）构成模式。把这些构成要素和时间数列的关系用一定的数学模型表示，就构成了时间数列影响因素分解模型，一般常用的有加法模型和乘法模型。

2. 简述编制时间数列的基本原则。

答：（1）同一时间数列的数据所属时间长短及数据之间的间隔长度具有可比性。

（2）不同时期的数据核算范围应当一致。

（3）不同时期的数据的内容应具有一致性。

（4）计算价格和计量单位应具有一致性。

五、计算题

1. 某地区 2015—2019 年某种产品的产量资料如下：

年份	序号 t	产量（百吨）y
2015	1	20
2016	2	22
2017	3	24
2018	4	27
2019	5	30

要求：试运用最小平方法拟合直线趋势方程，并预测 2020 年这种产品可能达到的产量。

答案：

根据已知条件可得：

年份	序号 t	产量（百吨）y	t^2	ty
2015	1	20	1	20
2016	2	22	4	44
2017	3	24	9	72
2018	4	27	16	108
2019	5	30	25	150
合计	15	123	55	394

$$b = \frac{n\sum tY_t - \sum t \sum Y_t}{n\sum t^2 - (\sum t)^2} = \frac{5 \times 394 - 15 \times 123}{5 \times 55 - 15^2} = 2.5$$

$$a = \bar{Y} - b\bar{t} = \frac{123}{5} - 2.5 \times \frac{15}{5} = 17.1$$

所求的趋势方程为：$\hat{y} = 17.1 + 2.5t$。

预测 2020 年的产量：$\hat{y} = 17.1 + 2.5 \times 8 = 37.1$（百吨）。

2. 已知某地区 2014—2019 年地区生产总值资料如下：

年份	2014	2015	2016	2017	2018	2019
地区生产总值（亿元）	9 405	9 926	9 875	10 656	11 830	13 161

要求：计算 2014—2019 年各年的逐期增长量和环比增长速度。

答案：

2015 年比 2014 年的增长量＝9 926－9 405＝521（亿元）。

2016 年比 2015 年的增长量＝9 875－9 926＝－51（亿元）。

2017 年比 2016 年的增长量＝10 656－9 875＝781（亿元）。

2018 年比 2017 年的增长量＝11 830－10 656＝1 174（亿元）。

2019 年比 2018 年的增长量＝13 161－11 830＝1 331（亿元）。

2015 年比 2014 年的环比增长速度＝（9 926－9 405）/9 405＝5.54%。

2016 年比 2015 年的环比增长速度＝（9 875－9 926）/9 926＝－0.51%。

2017 年比 2016 年的环比增长速度＝（10 656－9 875）/9 875＝7.91%。

2018 年比 2017 年的环比增长速度＝（11 830－10 656）/10 656＝11.02%。

2019 年比 2018 年的环比增长速度＝（13 161－11 830）/11 830＝11.25%。

3. 某种商品 2019 年 1—4 月各月初价格资料如下：

时间	1 月 1 日	2 月 1 日	3 月 1 日	4 月 1 日
价格（元）	10	13	9	12

要求：计算该商品一季度各月的平均价格和一季度的平均价格。

答案：

一月平均价格＝（10＋13）/2＝11.5（元）。

二月平均价格＝（13＋9）/2＝11（元）。

三月平均价格＝（9＋12）/2＝10.5（元）。

一季度平均价格 $= \dfrac{\dfrac{10}{2}+13+9+\dfrac{12}{2}}{3} = 11(元)$。

　　　　恭喜你完成了时间数列分析与预测部分的学习，全书章节进度已完成7/11。
努力是一种生活态度，与年龄无关。所以，无论什么时候，真正能激励你、温暖你、感动你的，不是励志语录，也不是榜样故事，而是充满正能量的你自己。
在此，记录下你的学习心得吧。

第八章 国民生产统计

备考指南

"国民生产统计"部分阐述了国民生产统计的内容和方法。通过本章学习，你应掌握国民生产统计的范围；国民经济行业和产业分类；国民经济产出主要实物量如粮食产量、能源产量等的统计方法；国民经济产出价值总量如总产出和国内生产总值的统计计算方法；国民生产的基本生产要素——资本和劳动力的统计方法；单要素生产率和全要素生产率的统计计算方法，以及经济增长核算的方法。本章重要程度为★，多以单选题、多选题、名词解释、简答题、计算题、论述题形式出现。复习时，需要牢记国民生产总值的概念和意义，以及生产法计算方法。知识点中划线部分需反复记忆，可充分利用书中"小笔记"部分进行书写，确保熟记于心，自如运用到考试中。

学习目标

通过本章学习，你将掌握以下知识点：

1. 国民生产统计的范围。

2. 国民经济行业和产业分类。

3. 国内生产总值的概念、意义，生产法计算方法。

4. 固定资本数量、经济增长的核算以及就业人数和失业人数的统计计算。

PART 1 本章知识宝图 ✐

"国民生产统计"部分共五小节，分别用星标做重要程度标注，★★★为高频考点，★★为中频考点，★为一般考点，可循序渐进复习。

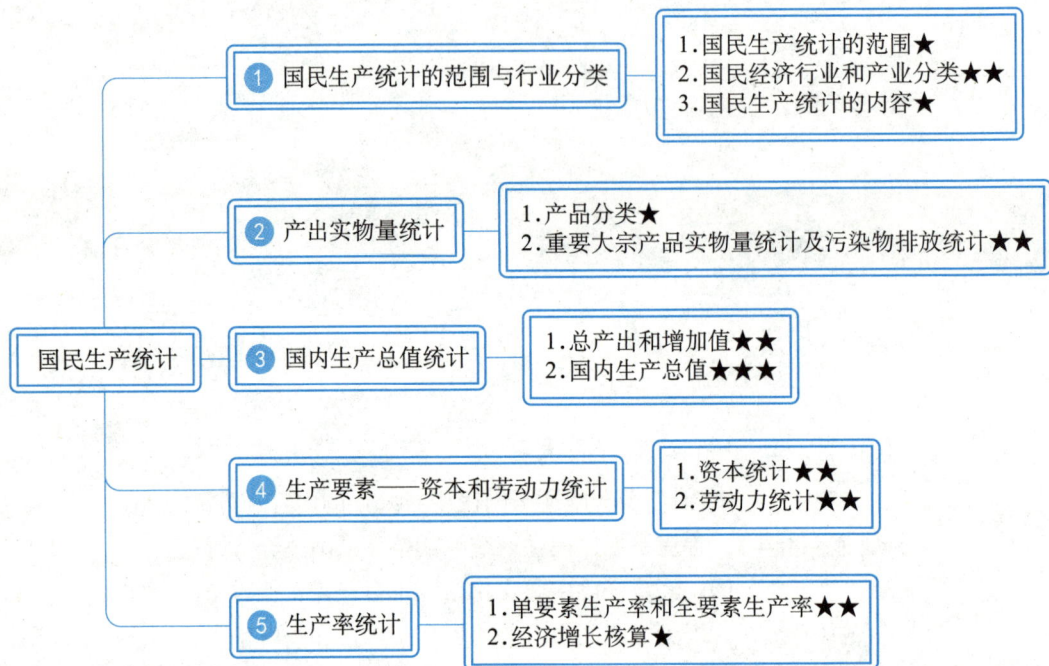

```
                    ┌─ ① 国民生产统计的范围与行业分类 ─┬─ 1.国民生产统计的范围★
                    │                                  ├─ 2.国民经济行业和产业分类★★
                    │                                  └─ 3.国民生产统计的内容★
                    │
                    ├─ ② 产出实物量统计 ─┬─ 1.产品分类★
                    │                     └─ 2.重要大宗产品实物量统计及污染物排放统计★★
                    │
   国民生产统计 ─────┼─ ③ 国内生产总值统计 ─┬─ 1.总产出和增加值★★
                    │                       └─ 2.国内生产总值★★★
                    │
                    ├─ ④ 生产要素——资本和劳动力统计 ─┬─ 1.资本统计★★
                    │                                   └─ 2.劳动力统计★★
                    │
                    └─ ⑤ 生产率统计 ─┬─ 1.单要素生产率和全要素生产率★★
                                      └─ 2.经济增长核算★
```

PART 2 名师伴读 🎧

名师伴读，码上听课

本视频包含国民生产统计的内容和方法等。

登录 www.rdlearning.cn 观看完整内容。

人大芸窗职教学苑名师伴读系列

PART 3 高频考点 ✏️

小笔记

▶ 考点 045 国民生产统计的范围

【★三级考点，单选题】

按照联合国等组织制定的《国民经济核算体系2008》的规定，凡是有形产品的生产，不论其产品是面向市场对外销售还是只供自己使用，都须纳入生产统计的范围；而对于各种服务的生产，则只有向市场和社会提供的服务以及家庭和机构自有住房的自用服务才纳入生产统计的范围。

考点 046　国民经济行业和产业分类

【★★二级考点，单选题】

1. 生产活动的基本单位的界定

法人单位：依法成立，有自己的名称、组织机构和场所，独立拥有和使用资产，承担负债，会计上独立核算，有权与其他单位签订合同，能够独立承担民事责任的企业或机构。

产业活动单位：法人单位的附属单位，应具备的条件：在一个场所从事一种或主要从事一种经济活动；相对独立地组织生产、经营或业务活动；能够掌握收入和支出等资料。产业活动单位是进行国民经济生产活动分类和统计的基层单位。

2. 国民经济行业分类

我国对国民经济活动采用四级行业分类。首先，将整个国民经济活动分为 20 个门类；其次，每个门类又分为若干个大类，共 96 个大类；再次，每个大类又分为若干个中类；最后，每个中类又分为若干个小类。

3. 三次产业分类

第一产业：农、林、牧、渔业（不含农、林、牧、渔服务业）。

第二产业：采矿业（不含开采辅助活动）、制造业（不含金属制品、机械和设备修理业）、电力、热力、燃气及水生产和供应业、建筑业。

第三产业：服务业，是指除第一产业、第二产业以外的其他行业。

考点 047　国民生产统计的内容

【★三级考点，单选题】

企业不论是从事物质产品生产，还是从事某种服务活动，都需要一定的物质资本如房屋设备等，以及劳动力，所以资本和劳动力是国民生产的两个基本要素。企业的生产过程就是资本和劳动力相结合生产出某种物质产品和服务的过程。因此，对国民生产过程的统计，应该既包括对产出的统计，也包括对生产投入的统计。

易 考 点

资本和劳动力是国民生产的两个基本要素。

考点 048　产品分类

【★三级考点，单选题】

《统计用产品分类目录》的基本产品类别与代码分为五层，每层为 2

位代码。第一层为大类产品；第二层为中类产品；第三层为小类产品；第四层为组产品；第五层为小组产品。

考点049　重要大宗产品实物量统计及污染物排放统计

【★★二级考点，单选题】

1. 重要大宗产品实物量统计

(1) 主要农产品统计：粮食产量统计、油料产量统计、棉花产量统计、肉类产量统计、禽蛋产量统计、水产品产量统计。

(2) 主要工业产品统计：一次能源生产总量、粗钢产量、钢材产量、集成电路产量、移动通信手持机产量。

2. 污染物排放统计

对生产中废弃物排放量的统计首先需要按照排放物的形态分类进行统计，即将废弃物按照废水、废气、固体废物三种进行计量统计，其次对每种废物所含污染物的种类进行测度、计量和统计。

考点050　总产出和增加值

【★★二级考点，单选题】

1. 国民经济生产统计的范围

国民经济生产统计的范围是广义的生产，既包括诸如农业、工业和建筑业等各种物质产品的生产，也包括诸如交通运输业、商业、金融业等各种服务业的生产，所以国民经济总产出的计算不仅包括物质产品的总产出，而且包括各种服务的总产出。

2. 物质产品生产企业的总产出

$$总产出＝\sum 产品产量 \times 价格$$

3. 服务业的总产出

不同服务业需要根据自身的特点采用不同的方法计算总产出。交通运输仓储和邮政业、住宿和餐饮业、营利性的社会服务业的总产出按其营业收入计算。

4. 批发和零售业的总产出

批发和零售业的总产出按商品销售收入减去商品进价后的余额计算。

5. 金融行业的总产出

金融行业的总产出是其为社会提供融资、结算、保险等金融业务服务的价值。

6. 房地产行业的总产出

房地产行业的总产出是其进行房地产开发、管理、交易和租赁服务的总价值。

7. 非营利性的服务行业的总产出

非营利性的服务行业的总产出按其业务活动的支出计算，其服务总产出等于其经常性支出加上办公用房屋等固定资产虚拟折旧费用。

8. 增加值

企业生产所增加的价值就是企业产品的总产值减去其生产过程中所消耗的各种原材料及辅助材料、燃料及动力以及外购服务的价值以后所余的价值。

增加值＝总产值－中间投入价值

易 考 点

物质产品生产企业的总产出：总产出＝$\sum$产品产量×价格

▶ 考点 051 国内生产总值

【★★★一级考点，单选题、名词解释】

1. 生产总值

为了计算一个国家一定时期内国民经济生产的价值总量，我们可以将该国家所有企业在本时期内生产的增加值加总，称为该国国民经济的生产总值。

生产总值＝$\sum$增加值

2. 国内生产总值

根据联合国制定的方案，目前世界各国均按国土原则来统计计算本国的最终产品生产总值，即只要是在本国经济领土上的常住单位，不论其是否属于本国公民，其生产经营活动的成果即其生产的增加值就都计入本国的国民经济生产总值。

按市场价格计算的一个国家所有常住单位在一定时期内生产活动的最终成果称为该国的国内生产总值。

国内生产总值（GDP）＝$\sum$本国经济领土内各常住单位增加值

易 考 点

国内生产总值（GDP）＝$\sum$本国经济领土内各常住单位增加值

▶ 考点 052 资本统计

【★★二级考点，单选题、名词解释】

1. 资本

从企业角度看，资本就是企业所有者投入企业用于生产经营的资金，其表现形式为企业拥有的现金和银行存款、厂房和机器设备、库存原材料和产成品、加工过程中的半成品等货币金融资产和物质资产。从整个国民经济的角度看，资本是用于国民经济生产的各种厂房和机器设备、库存的原材料和产成品、加工过程中的半成品，即各种物质资产，不包括现金和银行存款等各种国内货币金融资产。

2. 资产的分类

（1）固定资产是指企业为生产商品、提供服务、出租或经营管理而持有的、使用期限在一年以上，单位价值在规定的**标准以上，并在使用过程中保持原来物质形态的有形资产，**包括房屋及建筑物、机器设备、运输设备、工具器具等。**特点：价值比较大，使用时间比较长，能长期地、重复地参加生产活动；生产过程中发生磨损，但并不改变其本身的实物形态，但价值随磨损程度转移到产品中。**

（2）流动资产是指预计在一个正常营业周期内或一个会计年度内变现、出售或耗用的资产和现金及现金等价物，如库存现金、银行存款、交易性金融资产、应收及预付款、存货等，既包括实物资产，也包括货币和金融资产。从国民经济角度来说，流动资产仅仅指实物形态的流动资产。

3. 固定资产总量统计

本期期初固定资产存量＝上期期初固定资产存量－本期折旧＋本期购建固定资产

4. 流动资产总量统计

将全国全部企业某个时刻的存货数额加总，就可得出整个国民经济在该时刻的流动资产总量。

▶ 考点 053　劳动力统计

【★★二级考点，单选题、名词解释】

1. 经济活动人口和非经济活动人口

经济活动人口，是指总人口中已经参加或要求参加经济活动的人口，包括：从事经济活动的全部就业人口即就业人口；要求从事经济活动而尚未获得工作职位的失业人口。

非经济活动人口，是指总人口中除去经济活动人口的其余部分，即不是劳动力的人口，**包括：在校学生；在自己家中从事家务劳动的人员，如家庭主妇；靠退休金或各种租金与股息生活而不再工作的人员；由公共资助或私人供养的人员；未入学的儿童等。**

2. 就业人员

就业人员指在调查的标准时期内从事过一些工作的有酬工作者和自雇工作者。

3. 失业人员

失业人员是指在法定劳动年龄以上而没有工作，且正在寻找工作并随时可以工作的人员。

4. 充分就业

就业人员在一定时期内的通常工作时间达到了或充分接近了国家劳动制度规定的总工作时间，或其实际工作时间虽未达到或接近国家劳动制度规定的总工作时间，但是却达到了劳动者本人所愿意付出劳动的总时间。

5. 未充分就业

就业时间不足，在一定的时期内劳动者虽然愿意工作较长的时间但由于非本人的原因而实际只工作了较短时间。

6. 劳动相关分析指标

就业率＝就业人数/劳动力总数×100％

失业率＝失业人数/劳动力总数×100％

未充分就业率＝未充分就业人数/劳动力总数×100％

劳动参与率＝劳动力人数/法定劳动年龄以上人口数×100％

就业与人口比率＝就业人数/法定劳动年龄以上人口数×100％

7. 调查劳动力就业状况的途径

根据《劳动报表制度》对全国用人单位的调查；根据《月度劳动力调查制度》对各直辖市和省会城市家庭的抽样调查。

易考点

1. 经济活动人口，指总人口中已经参加或要求参加经济活动的人口。

2. 非经济活动人口，指总人口中除去经济活动人口的其余部分，即不是劳动力的人口。

3. 劳动相关分析指标。

▶ 考点 054　单要素生产率和全要素生产率

【★★二级考点，单选题】

1. 劳动生产率

将生产活动的总产出与生产过程中劳动力的使用量或用工量之比，用来测度劳动力的生产效率。

劳动生产率＝国内生产总值/就业人数

2. 资本生产率

将生产活动的总产出与生产过程中资本的使用量相比，以测度资本的生产效率。

资本生产率＝国内生产总值/资本总值

3. 全要素生产率

全要素生产率即全部生产要素的综合生产率。

易 考 点

劳动生产率：生产活动的总产出与生产过程中劳动力的使用量或用工量之比。

▶ **考点 055　经济增长核算**

【★三级考点，单选题】

国民经济生产总量的增长通常就称为经济的增长，因此，一个国家的经济增长率就是指该国家国内生产总值的增长率。

PART 4 \ 难点回顾

🔍 **法人单位**：依法成立，有自己的名称、组织机构和场所，独立拥有和使用资产，承担负债，会计上独立核算，有权与其他单位签订合同，能够独立承担民事责任的企业或机构。

🔍 **产业活动单位**：法人单位的附属单位，应具备的条件：在一个场所从事一种或主要从事一种经济活动；相对独立地组织生产、经营或业务活动；能够掌握收入和支出等资料。　产业活动单位是进行国民经济生产活动分类和统计的基层单位。

🔍 **主要农产品统计**：粮食产量统计、油料产量统计、棉花产量统计、肉类产量统计、禽蛋产量统计、水产品产量统计。

🔍 **主要工业产品统计**：一次能源生产总量、粗钢产量、钢材产量、集成电路产量、移动通信手持机产量。

🔍 **就业率**＝就业人数/劳动力总数×100％。

🔍 **失业率**＝失业人数/劳动力总数×100％。

🔍 **未充分就业率**＝未充分就业人数/劳动力总数×100％。

🔍 劳动参与率＝劳动力人数/法定劳动年龄以上人口数×100％。

🔍 就业与人口比率＝就业人数/法定劳动年龄以上人口数×100％。

过考百科

　　集成电路（Integrated Circuit，简称 IC）是 20 世纪 50 年代后期至 60 年代发展起来的一种微型半导体电子器件。它是通过一定的工艺，把构成具有一定功能的电路所需的半导体、电阻、电容等元件及它们之间的连接导线全部集成在一小块硅片上，然后焊接封装在一个管壳内的电子器件。其封装外壳有圆壳式、扁平式或双列直插式等多种形式。

PART 5　真题演练

一、单选题

1.【2016 年 4 月】下列选项中，属于企业固定资产的是（　　）。

A. 现金　　　　　B. 存款　　　　　C. 存货　　　　　D. 机器设备

2.【2018 年 4 月】失业率的计算公式是（　　）。

A. 就业人数/劳动力总数×100％

B. 失业人数/劳动力总数×100％

C. 失业人数/就业人数×100％

D. 就业人数/失业人数×100％

3.【2018 年 10 月】未充分就业率的计算公式是（　　）。

A. 充分就业人数/劳动力总数×100％

B. 未充分就业人数/劳动力总数×100％

C. 失业人数/就业人数×100％

D. 就业人数/失业人数×100％

4.【2018 年 10 月】国民生产的两个基本投入要素是（　　）。

A. 政府和居民　　　B. 出口和进口　　　C. 消费和投资　　　D. 资本和劳动力

二、多选题

1.△【2017 年 4 月】下列选项中，属于非经济活动人口的有（　　）。

A. 公务员　　　　B. 在校学生　　　　C. 全职家庭主妇

D. 学前儿童　　　E. 丧失劳动能力人员

2.【2018 年 10 月】根据国家统计局劳动力调查对失业人员的定义，一个人是失业人员必须满足的条件有（　　）。

A. 年满 16 周岁

B. 在调查期内未从事取得劳动报酬或经营收入的工作

C. 在调查前的 3 个月内采取了某种方式寻找工作

D. 如有机会可以在两周内开始工作

E. 在调查周内全部收入低于当地低保水平

易 错 题

单选题 2、3、4，多选题 1、2，需要牢牢掌握知识点，认真审题，避免作答失误。△表示高频考点。

三、名词解释

1. 失业率

2. 劳动生产率

四、简答题

1. 简述我国三次产业的分类。

2. 简述物质产品总产出与服务产品总产出在核算上的区别。

3. 简述资产的分类并分别介绍其含义。

五、计算题

1. 某服装厂 2019 年共生产各种服装价值 8 000 万元，为生产这些服装，购进布匹价值 4 000 万元，购进纽扣、拉链等各种辅助材料价值 100 万元，用电费用 600 万元，支付运输费用 300 万元。计算该服装厂 2019 年的增加值。

2. 已知某地区法定劳动年龄以上人口 150 万人，劳动力总数 120 万人，其中就业人口 114 万人。计算该地区：（1）就业率；（2）劳动参与率。

PART 6 答案解析 🛠

一、单选题

1. 答案：D

解析：固定资产是指企业为生产商品、提供服务、出租或经营管理而持有的、使用期限在一年以上，单位价值在规定的标准以上，并在使用过程中保持原来物质形态的有形资产，包括房屋及建筑物、机器设备、运输设备、工具器具等。特点：价值比较大，使用时间比较长；能长期地、重复地参加生产活动；生产过程中发生磨损，但并不改变其本身的实物形态，价值随磨损程度转移到产品中。

流动资产是指预计在一个正常营业周期内或一个会计年度内变现、出售或耗用的资产和现金及现金等价物，如库存现金、银行存款、交易性金融资产、应收及预付款、存货等，既包括实物资产，也包括货币和金融资产。从国民经济角度来说，流动资产仅仅指实物形态的流动资产。

2. 答案：B

解析：失业率＝失业人数/劳动力总数×100％。

3. 答案：B

解析：未充分就业率＝未充分就业人数/劳动力总数×100％。

4. 答案：D

解析：企业不论是从事物质产品生产，还是从事某种服务活动，都需要一定的物质资本，如房屋设备等，以及劳动力，所以资本和劳动力是国民生产的两个基本要素。企业的生产过程就是资本和劳动力相结合生产出某种物质产品和服务的过程。因此，对国民生产过程的统计应该既包括对产出的统计，也应包括对生产投入的统计。

二、多选题

1. 答案：BCDE

解析：非经济活动人口是指总人口中除去经济活动人口的其余部分，即不是劳动力的人口，包括：在校学生；在自己家中从事家务劳动的人员，如家庭主妇；靠退休金或各种租金与股息生活而不再工作的人员；由公共资助或私人供养的人员；未入学的儿童等。

2. 答案：ABCD

解析：我国国家统计局劳动力调查对失业人员的定义是，在一定年龄以上，有劳动能力但没有工作，正在寻找工作且马上可以开始工作的人。具体来说，失业人员是指年满16周岁，在调查期内未从事取得劳动报酬或经营收入的劳动，在调查前的3个月内采取了某种方式寻找工作，如有机会可以在两周内开始工作的人员。

三、名词解释

1. 失业率

答：失业率指失业人数与劳动力总数的比值。

2. 劳动生产率

答：劳动生产率指生产活动的总产出与生产过程中劳动力的使用量或用工量之比。

四、简答题

1. 简述我国三次产业的分类。

答：我国三次产业的分类如下：

第一产业：农、林、牧、渔业（不含农、林、牧、渔服务业）。

第二产业：采矿业（不含开采辅助活动），制造业（不含金属制品、机械和设备修理业）、电力、热力、燃气及水生产和供应业、建筑业。

第三产业：服务业，除第一产业、第二产业以外的其他行业。

2. 简述物质产品总产出与服务产品总产出在核算上的区别。

答：物质产品的总产出是将各种产品的实物数量乘上各自的市场价格，然后再加总计算得出。服务业主要采用营业收入等不同方法来计算总产出。

3. 简述资产的分类并分别介绍其含义。

答：固定资产是指企业为生产商品、提供服务、出租或经营管理而持有的、使用期限在一年以上，单位价值在规定的标准以上，并在使用过程中保持原来物质形态的有形资产。

流动资产是指预计在一个正常营业周期内或一个会计年度内变现、出售或耗用的资产和现金及现金等价物，如库存现金、银行存款、交易性金融资产、应收及预付款、存货等，既包括实物资产，也包括货币和金融资产。

五、计算题

1. 某服装厂2019年共生产各种服装价值8 000万元，为生产这些服装，购进布匹价值4 000万元，购进纽扣、拉链等各种辅助材料价值100万元，用电费用600万元，支付运输费用300万元。计算该服装厂2019年的增加值。

答案：2019年的增加值＝8 000－4 000－100－600－300＝3 000（万元）。

2. 已知某地区法定劳动年龄以上人口150万人，劳动力总数120万人，其中就业人口114万人。计算该地区：（1）就业率；（2）劳动参与率。

答案：就业率＝就业人数/劳动力总数×100％＝114/120×100％＝95％。

劳动参与率＝劳动力总数/法定劳动年龄以上人口数×100％

＝120/150×100％＝80％。

恭喜你完成"国民生产统计"部分的学习，全书章节进度已完成8/11。虽然在学习的过程中会遇到许多不顺心的事，但古人说得好——吃一堑，长一智。多了一次失败，就多了一次教训；多了一次挫折，就多了一次经验。没有经历过失败和挫折的人，是永远不会成功的。在此，记录下你的学习心得吧。

第九章　国民收入分配与使用统计

"国民收入分配与使用统计"部分需要你掌握经济活动中的机构单位及其分类；掌握国民收入分配过程中各个机构部门的初次分配账户和再分配账户的编制；掌握国内生产总值的收入法和支出法，以及国内生产净值、国民总收入等指标的计算方法；掌握恩格尔系数和基尼系数的计算和分析方法。本章重要程度为★★，多以单选题、多选题、名词解释、简答题、论述题等形式出现。复习时，需要重点掌握国内生产总值计算的收入法和支出法。知识点中划线部分需反复记忆，可充分利用书中"小笔记"部分进行书写，确保熟记于心，自如运用到考试中。

学习目标

通过本章学习，你将掌握以下知识点：

1. 经济活动中的机构单位及其分类。

2. 计算国内生产总值的收入法和支出法。

3. 各机构部门的可支配收入和国民可支配总收入。

4. 资本形成总额、进出口总额、最终消费支出的统计。

5. 恩格尔系数、基尼系数及它们的意义。

PART 1 本章知识宝图 ✎

"国民收入分配与使用统计"部分共四小节，分别用星标做重要程度标注，★★★为高频考点，★★为中频考点，★为一般考点，可循序渐进复习。

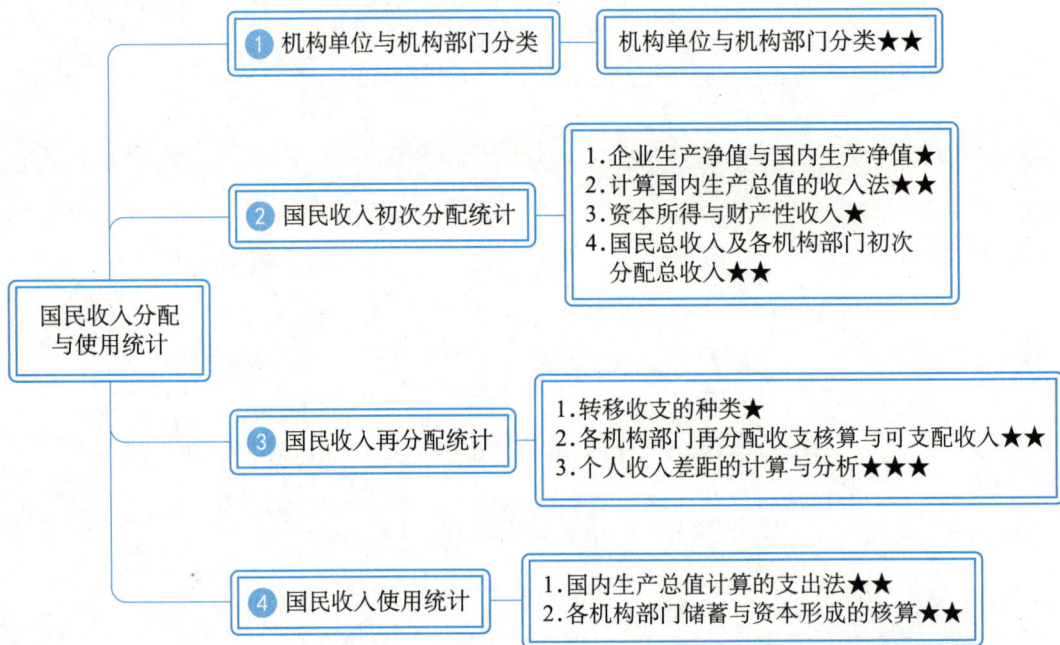

```
国民收入分配          ① 机构单位与机构部门分类 —— 机构单位与机构部门分类★★
与使用统计
                    ② 国民收入初次分配统计 ——  1.企业生产净值与国内生产净值★
                                              2.计算国内生产总值的收入法★★
                                              3.资本所得与财产性收入★
                                              4.国民总收入及各机构部门初次
                                                分配总收入★★

                    ③ 国民收入再分配统计 ——  1.转移收支的种类★
                                             2.各机构部门再分配收支核算与可支配收入★★
                                             3.个人收入差距的计算与分析★★★

                    ④ 国民收入使用统计 ——  1.国内生产总值计算的支出法★★
                                           2.各机构部门储蓄与资本形成的核算★★
```

PART 2 名师伴读 🎧

名师伴读，码上听课

本视频包含国民收入分配与使用统计的内容和方法等。

登录 www.rdlearning.cn 观看完整内容。

人大芸窗职教学苑名师伴读系列

PART 3 高频考点 ✏

小笔记

▶ **考点 056   机构单位与机构部门分类**

【★★二级考点，单选题】

1. 机构单位及其分类

一个国家从事国民经济活动的各种机构单位可以被划分为<u>非金融企业、金融机构、政府单位、住户和国外</u>共五个不同的类别，每个类别称为一个机构部门。

非金融企业，是指主要从事市场货物生产和提供非金融市场服务的常住企业。

金融机构，是指主要从事金融媒介以及与金融媒介密切相关的辅助金融活动的常住单位。

政府单位，是指在一国境内通过政治程序建立的、在一特定区域内对其他机构单位拥有立法、司法和行政权的法律实体。

住户，是指共享同一生活设施，部分或全部收入和财产集中使用，共同消费住房、食品和其他消费品与消费服务的常住个人或个人群体。

"国外"部门由一国常住单位以外的所有机构单位构成。

2. 国民收入分配与使用统计的内容

国民收入分配统计就是要计算统计各个不同的经济主体部门在各个不同分配项目下的所得金额，以及经过分配各自的收入总额及其相互之间的比例，和居民家庭之间收入分配的差距及其变化；国民收入使用统计就是要计算统计各类经济主体所得收入的使用去向和金额及其比例。

▶ **考点 057　企业生产净值与国内生产净值**

【★三级考点，单选题】

1. 生产净值

生产净值＝增加值－固定资产损耗

2. 国内生产净值

国内生产净值＝国内生产总值－固定资产损耗总值

▶ **考点 058　计算国内生产总值的收入法**

【★★二级考点，单选题、名词解释】

1. 国内生产总值

国内生产总值＝固定资产折旧＋劳动者报酬＋生产税净额＋营业盈余

2. 固定资产折旧

固定资产折旧，是指一定时期内各个常住单位为弥补所使用的固定资产的损耗。

3. 劳动者报酬

劳动者报酬，是指劳动者因从事生产活动所获得的工资和薪金等全部报酬。

4. 生产税净额

生产税净额，是指生产税减去生产补贴后的净额。

5. 营业盈余

营业盈余，是指常住单位创造的增加值扣除劳动者报酬、生产税净额和固定资产折旧后的余额。

易 考 点

固定资产折旧，是指一定时期内各个常住单位为弥补所使用的固定资产的损耗。

▶ 考点 059 资本所得与财产性收入

【★三级考点，单选题】

财产性收入，指<u>资产的所有者将其所拥有的资产在一定时期内的使用权让渡给其他单位而从使用者处获得的报酬，其形式主要有利息、红利、地租几种。</u>

（1）利息，指通过资金借贷活动获得的收入。

（2）红利，指通过资本投资活动获得的收益。

（3）地租，指土地的所有者出租土地而从承租人处收取的土地出租收入。

▶ 考点 060 国民总收入及各机构部门初次分配总收入

【★★二级考点，单选题、名词解释】

1. 国民总收入

将一国的国内生产总值减去非本国常住单位在本国生产中的要素收入，然后再加上来自国外的要素收入，那么将得到本国常住单位在一定时期的总收入，称为国民总收入。

$$国民总收入＝国内生产总值＋来自国外的要素收入－国外从本国获得的要素收入$$

2. 各机构部门初次分配总收入

$$部门初次分配总收入＝本部门增加值干（生产税－生产补贴）＋（劳动力收入－劳动力支出）＋（财产性收入－财产性支出）$$

$$企业部门初次分配总收入＝本部门增加值－生产税净额－劳动者报酬＋（财产性收入－财产性支出）$$

$$政府部门初次分配总收入＝本部门增加值＋（生产税－生产补贴）－劳动力报酬＋（财产性收入－财产性支出）$$

住户部门初次分配总收入＝本部门增加值－生产税净额＋（劳动力收入－劳动力支出）＋（财产性收入－财产性支出）

国外部门初次分配总收入＝（劳动力收入－劳动力支出）＋（财产性收入－财产性支出）

小笔记

易考点

国民总收入＝国内生产总值＋来自国外的要素收入－国外从本国获得的要素收入

▶ 考点 061　转移收支的种类

【★三级考点，单选题】

1. 基于收入和财产的税收

所得收入和所拥有的财产是现代政府征税的两个重要来源，不论是个人和居民家庭，还是企业与公司机构，政府通常都会对其收入和财产进行征税。收入税主要有企业所得税和个人所得税两种。财产税包括房产税、土地使用税、契税、车船税和遗产税。

2. 社会保险缴款和社会保险福利

社会保险缴款是居民个人向政府组织的社会保障机构缴纳诸如养老保险、医疗保险、失业保险、工伤保险、生育保险等各种社会保险费，而社会保险福利则是政府的社会保障机构根据保险条款向投保人支付养老金、报销医疗费用、发放失业保险金等。

3. 社会补助

社会补助是指政府财政对伤残军人、军烈属、社会低保家庭等的抚恤、困难补助和社会救济等支出，以及企事业单位向因伤残、疾病等原因而生活困难职工提供的困难补助和救济金等。

4. 不同经济主体间捐赠转移收支

不同经济主体间捐赠转移收支包括居民家庭之间的捐赠转移收支、企业之间的捐赠转移收支、企业与居民家庭之间的捐赠转移收支、企业与政府之间的捐赠转移收支以及居民家庭与政府之间的捐赠转移收支。

5. 博彩赌博与会费、罚款等引起的转移收支（了解）

易 考 点

1. 收入税主要有企业所得税和个人所得税两种。
2. 财产税包括房产税、土地使用税、契税、车船税和遗产税。

▶ **考点 062　各机构部门再分配收支核算与可支配收入**

【★★二级考点，单选题】

1. 部门可支配收入

部门可支配收入＝本部门初次分配总收入＋来自外部门的转移收入－对外部门的转移支出

2. 国民可支配总收入

国民可支配总收入＝国民总收入＋来自国外的转移收入－对国外的转移支出

＝国民总收入＋来自国外的转移收入净额

▶ **考点 063　个人收入差距的计算与分析**

【★★★一级考点，单选题、简答题、论述题】

家庭人均收入之间差距的大小，不仅关系着一个国家国民收入分配的公平程度，也关系着一个国家经济发展的效率，更重要的是关系着一个国家的社会和谐与稳定，因此各国政府无一不对此予以高度关注，并对居民家庭间人均收入差距的大小进行精细的测算与分析。通常，对居民家庭间人均收入差距进行测算的重要工具主要是收入分配的洛伦茨曲线和基尼系数。

1. 洛伦茨曲线

在平面直角坐标系中，横轴表示按人均收入水平从低到高的人口数或家庭数的累计比重，纵轴表示相应人口或家庭收入占所有家庭总收入的累计比重，绘制得出的曲线就称为收入分配的洛伦茨曲线，如图 9-1 所示。

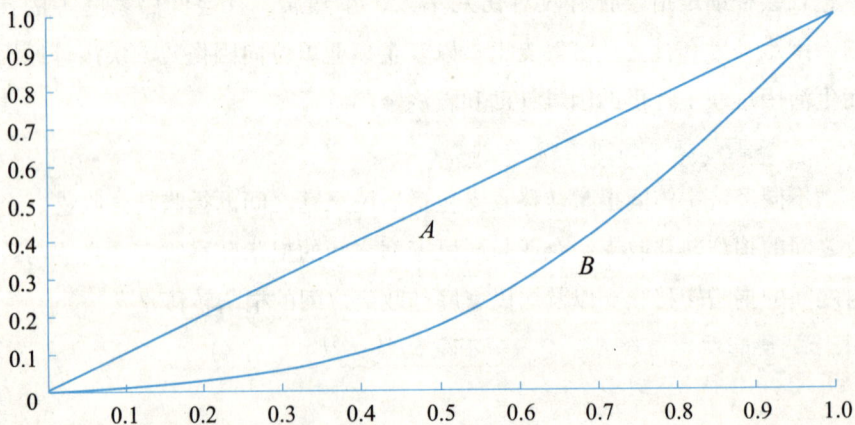

图 9-1　洛伦茨曲线

2. 基尼系数

记实际洛伦茨曲线与之上对角线之间所夹区域面积为 A，与横轴之间所夹区域面积为 B，面积 A 与面积 $(A+B)$ 二者的比率称为基尼系数。

基尼系数由意大利统计学家基尼提出，也称为基尼指数或基尼比率，是目前世界各国最常使用的测度收入分配不平等程度和财富分布不平等程度的重要指标。基尼系数的取值在 0 到 1 之间。如果一个国家各个居民家庭之间的收入分配绝对平等，则其基尼系数的值等于 0；一个国家居民家庭之间的收入分配越不平等，则其基尼系数的值就越大；如果一个国家的国民收入都归某一个人或家庭所有，而其余的人或家庭的收入为 0，则其基尼系数的值就等于 1。

基尼系数取值的含义、社会原因及后果，如表 9-1 所示。

表 9-1　基尼系数取值的含义、社会原因及后果

基尼系数	含义	社会原因及后果
0.25~0.29	浅不平等	以公共物品和服务的普遍供给为特征的平均主义社会，伴随着政治稳定和社会凝聚
0.3~0.39	适度不平等	健康的经济发展，伴随着政治稳定和公民社会参与，但也可能意味着社会相对同质，即所有群体一般都富有或贫穷，因而不一致不反映在收入和消费水平上
0.4	国际警戒线	不平等的门槛值。超过这条警戒线时，贫富两极的分化较为容易引起社会阶层的对立从而导致社会动荡
0.45~0.49	接近危险的高不平等	如果没有矫正行动，可能阻碍投资并导致零星的抗议和骚乱。通常显示劳动力市场功能弱或者公共服务投资不适当，缺乏亲贫困的社会规划
0.5~0.59	相当高的不平等	显示出收入分配的制度和结构失效
0.6 及以上	极端高的不平等	不仅个人之间不平等，而且社会群组之中也不平等，称为同阶层不平等。财富集中于社会大众之外的某个团体，存在高度危险的社会不安或公民冲突

易 考 点

基尼系数的取值在 0 到 1 之间。

考点 064　国内生产总值计算的支出法

【★★二级考点，单选题】

1. 国内生产总值

国内生产总值＝最终消费＋资本形成总额＋货物服务出口－货物服务进口

2. 居民个人消费支出统计

居民个人消费支出是指一国内常住居民家庭或个人在一定时期内为满足家庭和个人生活消费需要而对于货物和服务的全部支出。

我国居民消费支出划分为 8 个大类：

（1）食品烟酒；（2）衣着；（3）居住；（4）生活用品及服务；（5）交通和通信；（6）教育、文化和娱乐；（7）医疗保健；（8）其他用品和服务。

3. 恩格尔系数

居民个人消费支出中食物消费支出所占的比例被称为恩格尔系数。

恩格尔系数＝食物消费支出金额/消费总支出金额×100％

恩格尔系数是用来衡量家庭富足程度的一个重要指标。

4. 政府消费支出统计

政府消费支出是指政府部门为全社会提供的公共服务的消费支出和免费或以较低的价格向居民住户提供的货物和服务的净支出。

政府消费支出＝财政支出中的经常性业务支出－政府部门的经营性收入＋政府部门的固定资产折旧

5. 资本形成

各个机构单位通过购买或者建造等形式获得的资产，减去通过出售和报废等形式处置的资产以后净增加的资产。

资本形成总额＝固定资本形成总额＋存货变动额

6. 货物进出口统计

进出口货物的价格以海关审定的完税价格为基础进行统计。进口货物按到岸价格统计，出口货物按离岸价格统计。进口货物的日期，按照海关放行的日期统计；出口货物的日期，按照办结海关手续的日期统计。进口货物统计原产国和境内目的地；出口货物统计最终目的地国和境内货源地。

7. 服务进出口统计

我国货物对外贸易是出口额大于进口额为顺差；服务对外贸易进口额大于出口额为逆差。

易 考 点

1. 资本形成，是指各个机构单位通过购买或者建造等形式获得的资产，减去通过出售和报废等形式处置的资产以后净增加的资产。

2. 进出口货物的价格以海关审定的完税价格为基础进行统计。

3. 我国货物对外贸易是出口额大于进口额为顺差；服务对外贸易进口额大于出口额为逆差。

▶ 考点 065　各机构部门储蓄与资本形成的核算

【★★二级考点，单选题】

1. 储蓄的核算

储蓄＝可支配收入－消费支出

国民总储蓄＝国民可支配总收入－居民个人消费支出－政府消费支出

国民总储蓄率＝国民总储蓄额/国民可支配总收入×100％

国民可支配净收入＝国民可支配总收入－固定资产折旧

国民净储蓄＝国民总储蓄－固定资产折旧

国民净储蓄率＝国民净储蓄额/国民可支配净收入×100％

2. 各机构部门资本形成的核算

净金融投资＝资金来源总额－资金运用总额

PART 4　难点回顾

🔍 非金融企业，是指主要从事市场货物生产和提供非金融市场服务的常住企业。

🔍 金融机构，是指主要从事金融媒介以及与金融媒介密切相关的辅助金融活动的常住单位。

🔍 政府单位，是指在一国境内通过政治程序建立的、在一特定区域内对其他机构单位拥有立法、司法和行政权的法律实体。

🔍 住户，是指共享同一生活设施，部分或全部收入和财产集中使用，共同消费住房、食品和其他消费品与消费服务的常住个人或个人群体。

🔍 "国外"部门由一国常住单位以外的所有机构单位构成。

🔍 对居民家庭间人均收入差距进行测算的重要工具主要是收入分配的洛伦茨曲线和基尼系数。

🔍 基尼系数的取值在 0 到 1 之间。如果一个国家各个居民家庭之间的收入分配绝对平等，则其基尼系数的值等于 0；一个国家居民家庭之间的收入分配越不平等，则其基尼系数的值就越大；如果一个国家的国民收入都归某一个人或家庭所有，而其余的人或家庭的收入为 0，则其基尼系数的值就等于 1。

🔍 恩格尔系数，是指居民个人消费支出中食物消费支出所占的比例。

过考百科

国民生产总值（GNP）和国内生产总值（GDP）的不同在于二者计算依据的准则不同，前者是按"国民原则"计算的，后者则是按"国土原则"计算的。也即，GNP是一国居民所拥有的劳动和资本所生产的总产出量，而GDP则是一国境内的劳动和资本所生产的总产出量。例如，中国GDP的一部分是由美国公司在中国境内的工厂所生产的，这些工厂的利润应计入中国GDP但不应计入GNP。

PART 5 真题演练

一、单选题

1. △【2016年4月】当基尼系数由0.32上升到0.52时，意味着（　　）。

A. 收入差距缩小　　　　　　　B. 收入差距扩大

C. 收入水平提高　　　　　　　D. 收入水平降低

2. 【2017年10月】股份公司给股东的分红属于（　　）。

A. 红利　　　　B. 地租　　　　C. 利息　　　　D. 规费

3. 将一个国家所有常住单位在一定时期内所生产的生产净值加总，所得数额称为该国的（　　）。

A. 国内生产净值　　　　　　　B. 国内生产总值

C. 国民生产净值　　　　　　　D. 国民生产总值

4. 国民收入分配的整个过程包括初次分配和（　　）。

A. 总分配　　　　B. 简单分配　　　　C. 再分配　　　　D. 整体分配

5. 下列选项中，反映收入差距的指标是（　　）。

A. 消费率　　　　B. 储蓄率　　　　C. 基尼系数　　　　D. 弹性系数

6. 土地所有者出租土地而从承租人处得到的出租收入称为（　　）。

A. 红利　　　　B. 地租　　　　C. 利息　　　　D. 规费

7. 一个国家的生产总收入如何在该国的各类经济活动主体之间进行分配指的是（　　）。

A. 国民收入的分配　　　　　　B. 国民收入的使用

C. 国内生产净值　　　　　　　D. 国民生产净值

二、多选题

1. 【2016年4月】财产性收入的主要形式有（　　）。

A. 利息　　　　B. 补贴　　　　C. 红利

D. 工资　　　　E. 地租

2. 根据联合国《国民经济核算体系》的规定，下列属于机构单位的有（　　）。

A. 居民家庭　　　B. 居民个人　　　C. 政府机关

D. 公司　　　　　E. 社会团体

易 错 题

单选题1、3、5、7，多选题1，需要牢牢掌握知识点，认真审题，避免作答失误。△表示为高频考点。

三、名词解释

1. 恩格尔系数

2. 生产税净额

四、简答题

如何用恩格尔系数分析一个国家的经济发展水平？

五、论述题

1. 试述国内生产总值的计算方法。

2. 按照国家统计局的分类标准，我国居民消费支出被划分为哪几类？

PART 6　答案解析 ✕

一、单选题

1. 答案：B

解析：基尼系数越大，证明收入差距越大。

2. 答案：A

解析：利息指通过资金借贷活动获得的收入。红利指通过资本投资活动获得的收益。地租指土地的所有者出租土地而从承租人处收取的土地出租收入。

3. 答案：A

解析：将一个国家所有常住单位在一定时期内所生产的生产净值加总，所得数额称为该国的国内生产净值。由于一个国家所有常住单位在一定时期生产的增加值之和就是该国的国内生产总值，所以国内生产净值也可以用国内生产总值减去全部常住单位的固定资产损耗总值求得。

4. 答案：C

解析：国民收入分配的整个过程包括初次分配和再分配。

5. 答案：C

解析：反映收入差距的指标是基尼系数。

6. 答案：B

解析：土地所有者出租土地而从承租人处得到的出租收入称为地租。

7. 答案：A

解析：国民收入分配统计就是要计算统计各个不同的经济主体部门在各个不同分配项目下的所得金额，以及经过分配各自的收入总额及其相互之间的比例，和居民家庭之间收入分配的差距及其变化。

二、多选题

1. 答案：ACE

解析：财产性收入，是指资产的所有者将其所拥有的资产在一定时期内的使用权让渡给其他单位而从使用者处获得的报酬，其形式主要有利息、红利、地租几种。

2. 答案：ABCDE

解析：一个国家从事国民经济活动的各种机构单位可以被划分为非金融企业、金融机构、政府单位、住户和国外共五个不同的类别，每个类别称为一个机构部门。

三、名词解释

1. 恩格尔系数

答：居民个人消费支出中食物消费支出所占的比例被称为恩格尔系数。

2. 生产税净额

答：生产税净额指企业缴纳的生产税与政府给予的生产补贴的差额。

四、简答题

如何用恩格尔系数分析一个国家的经济发展水平？

答：居民个人消费支出中食物消费支出所占的比例被称为恩格尔系数。

恩格尔系数＝食物消费支出金额/消费总支出金融×100％

一个国家的经济越不发达，其人民的收入和生活水平就越低，恩格尔系数就会越高；反之，一个国家的经济越发达，其人民的收入和生活水平越高，恩格尔系数就越低。所以，恩格尔系数是用来衡量富足程度的一个重要指标。

五、论述题

1. 试述国内生产总值的计算方法。

答：（1）生产法：国内生产总值＝本国经济领土内各常住单位增加值之和。

（2）收入法：国内生产总值＝固定资产折旧＋劳动者报酬＋生产税净额＋营业盈余。

（3）支出法：国内生产总值＝最终消费＋资本形成总额＋货物服务净出口。

2. 按照国家统计局的分类标准，我国居民消费支出被划分为哪几类？

答：（1）食品烟酒；（2）衣着；（3）居住；（4）生活用品及服务；（5）交通和通信；（6）教育、文化和娱乐；（7）医疗保健；（8）其他用品和服务。（适当展开）

　　恭喜你完成了"国民收入分配与使用统计"部分的学习，全书章节进度已完成 9/11。快乐学习是没有什么大的压力的，人在没有压力的情况下会表现得更好。在此，记录下你的学习心得吧。

第十章　货币与金融统计

备考指南

"货币与金融统计"部分要求你掌握：货币与金融统计的内容和方法；金融机构单位的分类；货币供应量的三个层次的划分和统计方法；存款和货款的分类统计；利率和汇率的统计；金融交易流量的计算方法；全社会金融交易的资金流量表的编制；实体经济从社会融资规模的统计方法。本章重要程度为★，多以单选题、多选题、名词解释、简答题、论述题形式出现。复习时，需要重点掌握机构部门间金融交易与资金流量核算统计，以及金融协调发展统计分析。知识点中划线部分需反复记忆，可充分利用书中"小笔记"部分进行书写，确保熟记于心，自如运用到考试中。

学习目标

通过本章学习，你将掌握以下知识点：

1. 金融机构、金融工具的分类。

2. 货币供应量、利率和汇率、各机构部门的金融账户的编制、资金流量的统计。

3. 金融协调发展统计分析。

PART 1　本章知识宝图

货币与金融统计部分共三小节，分别用星标做重要程度标注，★★★为高频考点，★★为中频考点，★为一般考点，可循序渐进复习。

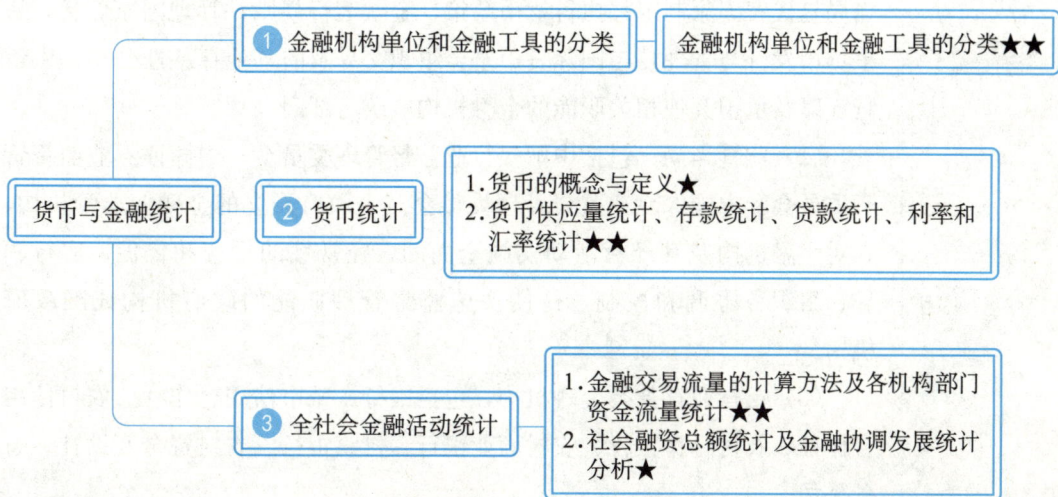

```
货币与金融统计 ─┬─ ① 金融机构单位和金融工具的分类 ─── 金融机构单位和金融工具的分类★★
                │
                ├─ ② 货币统计 ─── 1.货币的概念与定义★
                │                2.货币供应量统计、存款统计、贷款统计、利率和汇率统计★★
                │
                └─ ③ 全社会金融活动统计 ─── 1.金融交易流量的计算方法及各机构部门资金流量统计★★
                                          2.社会融资总额统计及金融协调发展统计分析★
```

PART 2　名师伴读

名师伴读，码上听课

本视频包含货币供应量统计、存款统计、贷款统计、利率和汇率统计等。

登录 www.rdlearning.cn 观看完整内容。

人大芸窗职教学苑名师伴读系列

PART 3　高频考点

▶ 考点 066　金融机构单位和金融工具的分类

【★★二级考点，单选题、多选题】

1. 金融机构单位的分类

金融机构：专门从事货币信用活动与资金融通经营的机构。

联合国等机构将金融机构分为九个不同的子部门：中央银行；中央银行以外的存款性公司；货币市场基金；非货币市场投资基金；保险公司；养老基金；保险公司和养老基金以外的其他金融中介机构；金融辅助机

小笔记

构；专属金融机构和贷款人。

我国金融机构也分为九类：货币当局；监管当局；银行业存款类金融机构；银行业非存款类金融机构；证券业金融机构；保险业金融机构；交易及结算类金融机构；金融控股公司；其他金融机构。

（1）货币当局，包括中国人民银行和国家外汇管理局两个机构。货币当局是代表国家制定并执行货币政策、金融运行规则，管理国家储备，从事货币发行与管理，与国际货币基金组织交易及向其他存款性公司提供信贷，以及承担其他相关职能的金融机构或政府部门。

（2）监管当局，包括中国银行业监督管理委员会、中国证券业监督管理委员会和中国保险业监督管理委员会三个政府设立的金融业监管机构，是对金融机构及其经营活动实施全面的、经常性的检查和督促，实行领导、组织、协调和控制，行使实施监督管理职能的政府机构或准政府机构。

（3）银行业存款类金融机构，包括银行、城市信用合作社、农村信用合作社、农村合作银行、农村商业银行、村镇银行、农村资金互助社、财务公司。

（4）银行业非存款类金融机构，包括信托公司、金融资产管理公司、金融租赁公司、汽车金融公司、贷款公司、货币经纪公司。

（5）证券业金融机构，包括证券公司、证券投资基金管理公司、期货公司、投资咨询公司。

（6）保险业金融机构，包括财产保险公司、人身保险公司、再保险公司、保险资产管理公司、保险经纪公司、保险代理公司、保险公估公司、企业年金。

（7）交易及结算类金融机构，包括交易所、登记结算类机构。

（8）金融控股公司，包括中央金融控股公司、其他金融控股公司。

（9）其他金融机构，包括小额贷款公司、第三方理财公司、综合理财服务公司。

2. 金融工具及其分类

金融工具是机构单位之间签订的、可能形成一个机构单位的金融资产并形成其他机构单位的金融负债或权益性工具的金融契约。金融工具具有流动性特征、法律特征、或有和非或有性特征、风险性特征以及期限性特征。

根据联合国等机构共同编制的《国民经济核算体系2008》的规定，各种金融工具被划分为九类：货币黄金和特别提款权；通货和存款；债务性证券；贷款；股权和投资基金份额；保险、养老金和标准化担保计划准备金；金融衍生工具和雇员股票期权；其他应收/应付款；备忘项目。

（1）货币黄金和特别提款权，是通常仅由货币当局持有的资产。

（2）通货和存款。通货指由中央银行或中央政府发行或授权的具有固定面值的纸币和硬币。存款包括可转让存款、银行间头寸、其他可转让存款和其他存款。

（3）债务性证券，是作为债务证明的可转让工具，包括票据、债券、可转让存款证、商业票据、债权证、资产支持证券和通常可在金融市场交易的类似工具。

（4）贷款，包括债权人直接将资金借给债务人时产生的金融资产和以不可转让单据作为凭证的金融资产。

（5）股权和投资基金份额。股权代表机构单位中持有者的资金。投资基金是将投资者的资金集中起来投资于金融或非金融资产的集体投资。

（6）保险、养老金和标准化担保计划准备金，是金融机构进行财富调节或收入再分配的形式。

（7）金融衍生工具和雇员股票期权。金融衍生工具是与某种特定金融工具或特定指标或特定商品挂钩的金融工具。期权是赋予期权购买者权利的一种合约。

（8）其他应收/应付款，包括提供给公司、政府、住户和国外的货物和服务的商业信用、在建工程或拟建工程的预付款，以及与税收、红利、证券买卖、租金、工资和薪金、社会保障缴款有关的应收和应付款。

（9）备忘项目，指需要单独列出和记录的金融资产或负债。

3. 货币与金融统计的内容

货币与金融统计主要包括三方面内容：货币信贷统计；全社会金融活动统计；金融业经营统计。

易考点

　　1. 我国金融机构分为九类：货币当局；监管当局；银行业存款类金融机构；银行业非存款类金融机构；证券业金融机构；保险业金融机构；交易及结算类金融机构；金融控股公司；其他金融机构。

　　2. 通货和存款。通货指由中央银行或中央政府发行或授权的具有固定面值的纸币和硬币。存款包括可转让存款、银行间头寸、其他可转让存款和其他存款。

3. 贷款，包括债权人直接将资金借给债务人时产生的金融资产和以不可转让单据作为凭证的金融资产。

4. 货币与金融统计的内容：货币信贷统计；全社会金融活动统计；金融业经营统计。

▶ 考点067　货币的概念与定义

【★三级考点，单选题】

货币是指一国政府或其授权机构所发行的充当商品交换的等价物和支付手段的钞票，既包括主币，也包括各种辅币，又称为现金。

纸币本身并不具有任何内在价值，发行者也没有将其兑现为某种实物的义务，它只是依靠政府的法令强制发行，并依靠政府的信用而被社会公众接受，成为合法流通的货币，所以也称为法定货币。中华人民共和国的法定货币是人民币，中国人民银行是国家管理人民币的主管机关，负责人民币的设计、印制和发行。

易 考 点

货币是指一国政府或其授权机构所发行的充当商品交换的等价物和支付手段的钞票，既包括主币，也包括各种辅币，又称为现金。

▶ 考点068　货币供应量统计、存款统计、贷款统计、利率和汇率统计

【★★二级考点，单选题】

1. 货币供应量统计

货币供应量指流通中的货币存量，是一个时点指标，通常统计每个月月末的数额。

我国的货币总量统计，按照从传统、狭义到广义货币概念的递进，分别以 M_0、M_1、M_2 三个不同层次的货币总量进行计算公布。M_0 为流通中的现金，即在银行体系以外流通的现金；M_1 为 M_0＋单位活期存款；M_2 为 M_1＋准货币（单位定期存款＋个人存款＋其他存款）。

2. 存款统计

存款指机构或个人在保留资金或货币所有权的条件下，以不可流通的

存单或类似凭证为依据，确保名义本金不变并暂时让渡或接受资金使用权所形成的债权或债务。

我国的存款可分为 15 个大类：普通存款；定活两便存款；通知存款；协议存款；协定存款；保证金存款；应解汇款及临时存款；结构性存款；信用卡存款；财政性存款；第三方存管存款；准备金存款；存放；特种存款；其他存款。

（1）普通存款：存款人在金融机构开立账户存入资金或货币，由金融机构出具存款凭证，办理一定期限、利率并按期给付利息的存款。普通存款可分为：单位活期存款、单位定期存款、活期储蓄存款、定期储蓄存款（整存整取储蓄存款、零存整取储蓄存款、存本取息储蓄存款、教育储蓄存款、整存零取储蓄存款）。

（2）定活两便存款：个人存款人在金融机构开立账户存入资金或货币，由金融机构出具存款凭证，办理不约定存期、本金一次性存入，支取时一次性支付全部本金和税后利息，具有定期和活期双重性质的一种存款。

（3）通知存款：存款人在金融机构开立账户存入资金或货币，由金融机构出具存款凭证，办理不约定存期，支取时需提前一定时间通知金融机构，约定支取日期和金额的存款。

（4）协议存款：由金融机构根据中国人民银行相关规定对存款人开办的存款，存款利率由双方协商确定。

（5）协定存款：存款人通过与金融机构签订合同约定合同期限、确定结算账户需要保留的基本存款额度，对基本存款额度按结息日中国人民银行规定的活期存款利率计息、对超过基本存款额度的存款按中国人民银行规定的协定存款利率或合同约定的利率计息的存款。协定存款包括：结算户存款、协定户存款。

（6）保证金存款：金融机构为客户提供具有结算功能的信用工具、资金融通以及承担第三方担保责任等业务时，按照约定要求客户存入的用作资金保证的存款。保证金存款包括：信用证保证金存款、保函保证金存款、银行承兑汇票保证金存款、银行本票保证金存款、信用卡保证金存款、衍生金融产品交易保证金存款、证券交易保证金存款、其他保证金存款。

（7）应解汇款及临时存款：金融机构因办理支付或结算而形成的一种临时性资金存款，包括应解汇款、临时存款、汇出汇款、汇入汇款。

（8）结构性存款：金融机构吸收的嵌入金融衍生工具的存款。

（9）信用卡存款：存款人存入贷记卡或准贷记卡账户内的存款。信用卡存款包括：贷记卡存款和准贷记卡存款。

（10）财政性存款：财政部门存放在金融机构的财政资金。财政性存款包括：国库存款（财政库款、财政过渡存款）、其他财政存款（划缴财政存款、待结算财政款项、财政专用基金存款、国库定期存款）。

（11）第三方存管存款：由金融机构作为独立第三方保管证券公司的交易结算资金。

（12）准备金存款：中国人民银行按规定吸收的法定存款准备金及超额存款准备金。

（13）存放：为了支付清算的需要，某一金融机构在其他金融机构开立账户存入资金或货币所形成的金融机构之间的债权债务关系。

（14）特种存：中国人民银行根据金融宏观调控需要，向金融机构吸收的特定存款。

（15）其他存款。

3. 贷款统计

贷款指机构或个人在保留资金或货币所有权的条件下，以不可流通的借款凭证或类似凭证为依据，暂时让渡或接受资金使用权所形成的债权或债务。

我国的贷款可分为 13 个大类：再贷款；普通贷款；拆借；透支；垫款；回购/返售；黄金、证券借贷；贸易融资；融资租赁；打包信贷受让资产；转贷款；并购贷款；其他贷款。

（1）再贷款：中央银行为了实现货币政策目标而根据商业银行的资金头寸情况和金融市场状况按规定向商业银行发放的贷款。

（2）普通贷款：贷款人与借款人签订的约定利率、期限并还本付息的贷款合同。普通贷款包括：消费贷款（个人住房贷款、个人汽车消费贷款、助学贷款、其他消费贷款）、经营贷款、固定资产贷款。

（3）拆借：经中国人民银行批准进入全国银行间同业拆借市场的金融机构之间，通过全国统一的同业拆借网络进行的无担保资金融通行为。

（4）透支：贷款人授予客户一定的信用额度，允许其在信用额度内进行支付或取现，从而获得短期信贷资金的行为。透支包括：账户透支、贷记卡透支、准贷记卡透支。

（5）垫款：金融机构为客户承担第三方责任而垫付的资金。垫款包括：承兑垫款、担保垫款、信用证垫款、其他垫款。

（6）回购/返售：金融入方与金融出方以协议的方式，按特定价格出售资产融入资金，并约定在将来特定日期按指定价格购回相同或类似资产的交易行为。回购/返售包括：债券回购/返售、票据回购/返售、贷款回购/返售、股票及其他股权回购/返售、黄金回购/返售。

（7）黄金、证券借贷：黄金或证券资产持有方将此类资产转移给资产借入方，资产借入方向其提供资金抵押，并约定在特定日期或一经要求，资产借入方就必须归还相同或类似资产的交易行为。黄金、证券借贷包括：债券借贷、票据借贷、股票及其他股权借贷、黄金借贷、其他资产借贷。

（8）贸易融资：金融机构为客户提供的与贸易结算相关的融资或信用便利，不包括以票据买卖或贴现进行的贸易融资。贸易融资包括：国际贸易融资、国内贸易融资。

（9）融资租赁：出租人根据承租人对租赁物和供货人的选择或认可，将其从供货人处取得的租赁物按合同约定出租给承租人占有、使用，向承租人收取租金的交易活动。

（10）打包信贷受让资产：金融机构受让其他金融机构出售的由两个或两个以上信贷资产打包组成的组合式信贷资产。

（11）转贷款：金融机构以自己的名义向境外出口信贷机构、金融机构、政府筹资，并将所筹资金转贷给境内机构的贷款。

（12）并购贷款：贷款人向并购方或其子公司发放的，用于支付并购交易价款的贷款。

（13）其他贷款。

4. 利率和汇率统计

一定时期内的利息额与本金的比率就是利息率，简称利率。

（1）利率统计。

商业银行利率：存款利率、贷款利率、转贴现利率。

中央银行利率：中央银行存款利率、再贷款利率、再贴现利率。

金融市场利率：银行同业拆借利率、各种债券利率、民间借贷利率。

（2）汇率的标价方法：直接标价法、间接标价法。

易 考 点

1. 货币供应量指流通中的货币存量，是一个时点指标，通常统计每个月月末的数额。

2. 信用卡存款包括：贷记卡存款和准贷记卡存款。

3. 透支包括：账户透支、贷记卡透支、准贷记卡透支。

考点069　金融交易流量的计算方法及各机构部门资金流量统计

【★★二级考点，单选题】

1. 金融交易流量的计算方法

金融交易流量的计算方法：

金融交易流量＝交易流入量－交易流出量

期初资产（负债）存量＋本期交易流入量－本期交易流出量＝期末资产（负债）存量

金融交易流量＝期末资产（负债）存量－期初资产（负债）存量

2. 各机构部门资产流量统计

国民经济体系中的全部机构单位可以分为：**非金融企业部门；金融机构部门；政府部门；住户部门；国外部门**。对全部机构单位的资金来源和使用的核算需要借助会计账户，为此需要设立各个机构部门的金融账户。金融交易的资金流量表能全面地反映整个国民经济的各个机构部门的资金融通往来情况，反映不同机构部间的资金联系。

> **易考点**
>
> 金融交易流量的计算方法：
>
> 金融交易流量＝交易流入量－交易流出量
>
> 期初资产（负债）存量＋本期交易流入量－本期交易流出量＝期末资产（负债）存量
>
> 金融交易流量＝期末资产（负债）存量－期初资产（负债）存量

考点070　社会融资总额统计及金融协调发展统计分析

【★三级考点，单选题】

1. 社会融资总额统计

社会融资总额＝人民币各项贷款＋外币各项贷款＋委托贷款＋信托贷款＋银行承兑汇票＋企业债券＋非金融企业股票融资＋保险公司赔偿＋投资性房地产＋其他

2. 金融协调发展统计分析

金融相关比率统计：

金融相关比率＝金融资产/国民财富

3. 实体经济融资比例

实体经济融资比例＝实体经济融资规模/全社会资金流动规模

PART 4　难点回顾

- 金融工具：机构单位之间签订的、可能形成一个机构单位的金融资产并形成其他机构单位的金融负债或权益性工具的金融契约。

- 货币：一国政府或其授权机构所发行的充当商品交换的等价物和支付手段的钞票，既包括主币，也包括各种辅币，又称为现金。

- 存款：机构或个人在保留资金或货币所有权的条件下，以不可流通的存单或类似凭证为依据，确保名义本金不变并暂时让渡或接受资金使用权所形成的债权或债务。

- 金融交易流量的计算方法：金融交易流量＝交易流入量－交易流出量；期初资产（负债）存量＋本期交易流入量－本期交易流出量＝期末资产（负债）存量；金融交易流量＝期末资产（负债）存量－期初资产（负债）存量。

过考百科

　　戈德史密斯是拥有英法双重国籍的金融资本家，外号"金融鳄鱼"。美国企业家们对他简直又恨又怕。他曾买下多家公司后将它们"肢解"，然后立即转手倒卖，赚取中间的差额利润。凭借这种并购风格，他成为华尔街的风云人物。

PART 5　真题演练

一、单选题

1.△【2016 年 10 月】下列选项中，不属于商业银行利率的是（　　）。

A. 存款利率　　　B. 贷款利率　　　C. 转贴现利率　　　D. 国库券利率

2.【2017 年 4 月】我国的货币总量统计中，银行体系以外各个单位的库存现金与居民手持现金之和的表示符号是（　　）。

A. M_0　　　B. M_1　　　C. M_2　　　D. $M_0＋M_1＋M_2$

3.△【2017 年 10 月】下列选项中，不属于中央银行利率的是（　　）。

A. 债券利率　　　　　　　B. 再贷款利率

C. 再贴现利率　　　　　　D. 准备金存款利率

4. 金融工具迅速变现而不招致损失的能力是指金融工具的（　　）。

A. 风险性　　　B. 流动性　　　C. 期限性　　　D. 法律性

5. 美国联邦储备局对货币总量的统计主要分三个层次，其中第一层次 M_1 不包括（　　）。

A. 流通中的现金   B. 非银行发行的旅行支票

C. 储蓄存款   D. 商业银行的活期存款

6.【2018年4月】下列选项中，不是由金融市场供求关系决定的利率是（   ）。

A. 再贷款利率   B. 民间借贷利率

C. 各种债券利率   D. 银行同业拆借利率

二、多选题

普通存款包括（   ）。

A. 单位活期存款   B. 单位定期存款

C. 活期储蓄存款   D. 定期储蓄存款

E. 定活两便存款

易 错 题

单选题1、2、3、6，需要牢牢掌握知识点，认真审题，避免作答失误。

△表示高频考点。

三、名词解释

1. 企业年金

2. 利率

3. 汇率

4. 货币供应量

四、简答题

1. 简述汇率的两种标价方法。

2. 简述我国货币供应量统计中 M_0、M_1、M_2 的含义。

五、论述题

1. 试述社会融资总额的含义及主要内容。

2. 试述我国货币供应总量统计的三个层次。

PART 6 答案解析 ✖

一、单选题

1. 答案：D

解析：商业银行利率包括：存款利率、贷款利率、转贴现利率。中央银行利率包括：中央银行存款利率、再贷款利率、再贴现利率。金融市场利率包括：银行同业拆借利率、各种债券利率、民间借贷利率。

2. 答案：A

解析：我国的货币总量统计，按照从传统、狭义到广义货币概念的递进，分别以 M_0、M_1、M_2 三个不同层次的货币总量进行计算公布。M_0 为流通中的现金，即在银行体系以外流通的现金；M_1 为 M_0 ＋单位活期存款；M_2 为 M_1 ＋准货币（单位定期存款＋个人存款＋其他存款）。

3. 答案：A

解析：中央银行利率包括：（1）中央银行存款利率：准备金存款利率。（2）再贷款利率：中央银行根据商业银行资金头寸情况发放给商业银行的信用贷款的利率。（3）再贴现利率：中央银行通过买进商业银行持有的已贴现但尚未到期的商业汇票，向商业银行提供融资支持的行为而产生的利率。

4. 答案：B

解析：金融工具迅速变现而不招致损失的能力是指金融工具的流动性。

5. 答案：C

解析：美国联邦储备局对货币总量的统计主要分三个层次，其中第一层次 M_1 不包括储蓄存款。

6. 答案：A

解析：再贷款利率。中央银行根据商业银行资金头寸情况发放给商业银行的信用贷款的利率跟金融市场供求关系无关。

二、多选题

答案：ABCD

解析：普通存款指存款人在金融机构开立账户存入资金或货币，由金融机构出具存款凭证，办理一定期限、利率并按期给付利息的存款。普通存款可分为：单位活期存款、单位定期存款、活期储蓄存款、定期储蓄存款（整存整取储蓄存款、零存整取储蓄存款、存本取息储蓄存款、教育储蓄存款、整存零取储蓄存款）。

三、名词解释

1. 企业年金

答：企业年金是指企业及其职工在依法参加基本养老保险的基础上自愿建立的补充养老保险制度。

2. 利率

答：利率伴随着资金的借贷和筹措而产生，资金的所有者暂时让渡资金的使用权，作为回报，需要收取利息，一定时期内的利息额与本金的比率就是利息率，简称利率。

3. 汇率

答：汇率指以另一个国家的货币表示的本国货币的价格。

4. 货币供应量

答：货币供应量指流通中的货币存量，是一个时点指标。

四、简答题

1. 简述汇率的两种标价方法。

答：（1）直接标价法，也称为应付标价法，表现为一定单位的外国货币标价为价值多少单位的本国货币。

（2）间接标价法，也称为应收标价法，表现为一定单位的本国货币标示为价值多少单位的外国货币。

2. 简述我国货币供应量统计中 M_0、M_1、M_2 的含义。

答：M_0：流通中的现金，即在银行体系以外流通的现金。

M_1：M_0 ＋单位活期存款。

M_2：M_1 ＋准货币（单位定期存款＋个人存款＋其他存款）。

五、论述题

1. 试述社会融资总额的含义及主要内容。

答：社会融资总额是指一定时期内实体经济从金融体系获得的全部资金总额。这里的金融体系是整体金融的概念。从机构看，包括银行、证券、保险等金融机构；从市场看，包括信贷市场、债券市场、股票市场、保险市场以及中间业务市场等。

它主要由三个部分构成：一是金融机构通过资金运用对实体经济提供的全部资金支持，主要包括人民币各项贷款、外币各项贷款、信托贷款、委托贷款、金融机构持有的企业债券及非金融企业股票、保险公司的赔偿和投资性房地产等；二是实体经济利用规范的金融工具，在正规金融市场、通过金融机构信用或服务所获得的直接融资，主要包括银行承兑汇票、非金融企业境内股票筹资及企业债的净发行等；三是其他融资，主要包括小额贷款公司贷款、贷款公司贷款等。具体来说，实体经济的社会融资总额可以用公式表示为：社会融资总额＝人民币各项贷款＋外币各项贷款＋委托贷款＋信托贷款＋银行承兑汇票＋企业债券＋非金融企业股票融资＋保险公司赔偿＋投资性房地产＋其他。

2. 试述我国货币供应总量统计的三个层次。

答：我国的货币总量统计，按照从传统、狭义到广义货币概念的递进，分别以 M_0、M_1、M_2 三个不同层次的货币总量进行计算公布。

M_0：银行体系以外各个单位的库存现金和居民的手持现金，即通货。

M_1：M_0 加上企业、机关、团体、部队、学校等单位在银行的活期存款。

M_2：M_1 加上企业、机关、团体、部队、学校等单位在银行的定期存款和城乡居民个人在银行的各项储蓄存款以及其他存款，如证券公司的客户保证金存款等，即广义货币。

　　恭喜你完成"货币与金融统计"部分的学习，全书章节进度已完成 10/11。学习犹如登山，需要坚持，虽然过程是艰难的，但只要懂得享受，也能其乐无穷，当攀上顶峰时，便能饱览美景。学习犹如耕作，没有人瞬间奉送给你一个丰收，汗水滋润了种子，汗水浇灌了幼苗。在此，记录下你的学习心得吧。

第十一章 国民经济统计指数

"国民经济统计指数"部分要求你掌握：统计指数的概念和分类；个体指数的计算方法；综合指数中拉氏指数、帕氏指数的计算方法；平均指数中的算术平均指数和调和平均指数的编制方法；中国居民消费价格指数（CPI）和生产者价格指数（PPI）的编制方法，以及生产法不变价格国内生产总值的计算方法。本章重要程度为★★，多以单选题、多选题、简答题、计算题形式出现，复习时，需要牢记居民消费价格指数、生产者价格指数、国内生产总值指数的编制方法，知识点中划线部分需反复记忆，可充分利用书中"小笔记"部分进行书写，确保熟记于心，自如运用到考试中。

学习目标

通过本章学习，你将掌握以下知识点：

1. 综合指数、平均指数的原理与编制方法。

2. 中国常用的国民经济价格指数、国民经济生产量指数的编制方法。

PART 1　本章知识宝图 ✒️

"国民经济统计指数"部分共四小节，分别用星标做重要程度标注，★★★为高频考点，★★为中频考点，★为一般考点，可循序渐进复习。

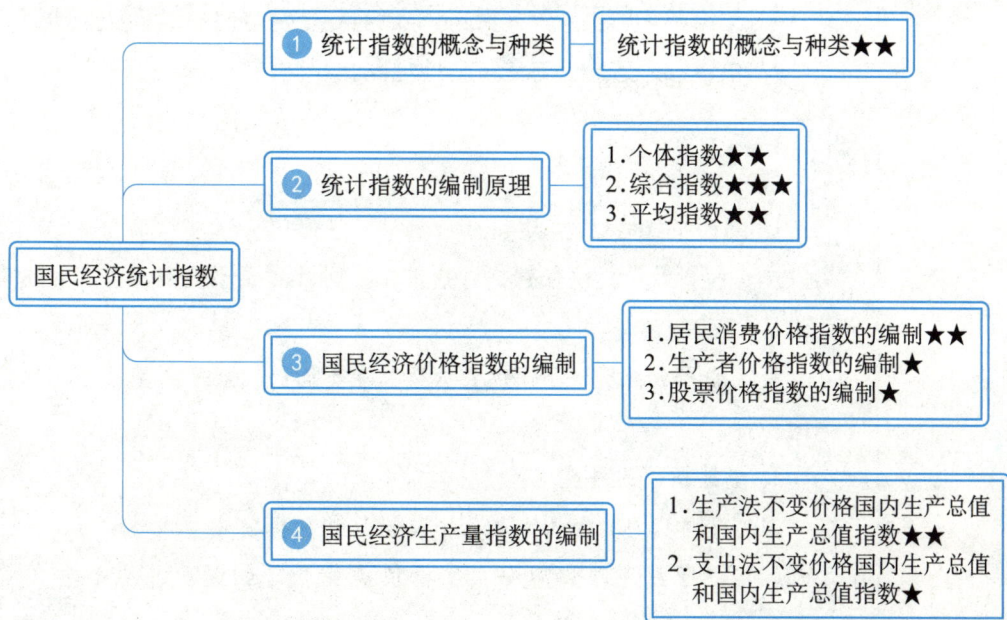

```
国民经济统计指数
├─ ① 统计指数的概念与种类 ── 统计指数的概念与种类★★
├─ ② 统计指数的编制原理 ── 1.个体指数★★
│                         2.综合指数★★★
│                         3.平均指数★★
├─ ③ 国民经济价格指数的编制 ── 1.居民消费价格指数的编制★★
│                             2.生产者价格指数的编制★
│                             3.股票价格指数的编制★
└─ ④ 国民经济生产量指数的编制 ── 1.生产法不变价格国内生产总值
                                  和国内生产总值指数★★
                                2.支出法不变价格国内生产总值
                                  和国内生产总值指数★
```

PART 2　名师伴读 🎧

名师伴读，码上听课

　　本视频包含统计指数中的个体指数等的编制原理和常用的国民经济指数的编制方法。

　　登录 www.rdlearning.cn 观看完整内容。

人大芸窗职教学苑名师伴读系列

PART 3　高频考点

▶ **考点 071　统计指数的概念与种类**

【★★二级考点，单选题】

1. 统计指数的概念

广义的指数：反映任意一种数量在不同时间或不同空间上相对比率的指标。

小笔记

狭义的指数：反映不同度量的数量在不同时间或不同空间上相对比率的指标。

2. 统计指数的种类

（1）按指数包括范围分类：个体指数和总指数。

（2）按指数反映内容分类：价值类指数、物量类指数和物价类指数。

（3）按指数对比基准分类：时间指数和空间指数。

易 考 点

1. 统计指数的概念

广义的指数：反映任意一种数量在不同时间或不同空间上相对比率的指标。

狭义的指数：反映不同度量的数量在不同时间或不同空间上相对比率的指标。

2. 统计指数的种类

（1）按指数包括范围分类：个体指数和总指数。

（2）按指数反映内容分类：价值类指数、物量类指数和物价类指数。

（3）按指数对比基准分类：时间指数和空间指数。

▶ **考点 072　个体指数**

【★★二级考点，单选题、计算题】

若记某种产品在现期的价格为 p_1，产量或销售量为 q_1，产值或销售额为 $v_1 = p_1 q_1$，并记该种产品在基期的价格为 p_0，产量或销售量为 q_0，产值或销售额为 $v_0 = p_0 q_0$，则可以分别定义此种产品的个体物价指数 K_p、个体物量指数 K_q、个体价格指数 K_v 分别为：

$$K_p = \frac{p_1}{p_0}$$

$$K_q = \frac{q_1}{q_0}$$

$$K_v = \frac{v_1}{v_0}$$

由于产品的价格与产量的乘积就等于其价值，即有 $p_i q_i = v_i, i = 0, 1$，所以由此定义，显然有：

$$\frac{v_1}{v_0} = \frac{p_1}{p_0} \times \frac{q_1}{q_0}$$

即有：

$$K_v = K_p \times K_q$$

价值类指数、物价类指数和物量类指数的分子与分布的差额之间的关系：

$$v_1 - v_0 = (p_1 - p_0)q_1 + (q_1 - q_0)p_0$$

▶ 考点 073　综合指数

【★★★一级考点，单选题、简答题、论述题】

1. 商品销售额总指数

记基期商品销售量为 q_0，价格为 p_0；现期商品销售量为 q_1，价格为 p_1。由于各种商品的销售额是同度量的，其数值可直接加总，所以基期商品总销售额为 $\sum p_0 q_0$，现期商品总销售额为 $\sum p_1 q_1$，全部商品销售额总指数为 $\bar{K}_{pq} = \dfrac{\sum p_1 q_1}{\sum p_0 q_0}$。

2. 拉氏指数

$$\bar{K}_q = \frac{\sum p_0 q_1}{\sum p_0 q_0}$$

$$\bar{K}_p = \frac{\sum p_1 q_0}{\sum p_0 q_0}$$

3. 帕氏指数

$$\bar{K}_q = \frac{\sum p_1 q_1}{\sum p_1 q_0}$$

$$\bar{K}_p = \frac{\sum p_1 q_1}{\sum p_0 q_1}$$

4. 杨格指数

$$\bar{K}_q = \frac{\sum p_a q_1}{\sum p_a q_0}$$

$$\bar{K}_p = \frac{\sum p_1 q_a}{\sum p_0 q_a}$$

5. 马埃指数

$$\bar{K}_q = \frac{\sum q_1(p_0 + p_1)}{\sum q_0(p_0 + p_1)}$$

$$\bar{K}_p = \frac{\sum p_1(q_0 + q_1)}{\sum p_0(q_0 + q_1)}$$

6. 费舍理想指数

$$\bar{K}_q = \sqrt{\frac{\sum p_0 q_1}{\sum p_0 q_0} \times \frac{\sum p_1 q_1}{\sum p_1 q_0}}$$

$$\bar{K}_p = \sqrt{\frac{\sum p_1 q_0}{\sum p_0 q_0} \times \frac{\sum p_1 q_1}{\sum p_0 q_1}}$$

物量类指数选择使用拉氏指数，物价类指数选择帕氏指数，则有：

$$\frac{\sum p_1 q_1}{\sum p_0 q_0} = \frac{\sum p_0 q_1}{\sum p_0 q_0} \times \frac{\sum p_1 q_1}{\sum p_0 q_1}$$

指数体系：

$$\sum p_1 q_1 - \sum p_0 q_0 = \sum (q_1 - q_0)p_0 + \sum (p_1 - p_0)q_1$$

▶ 考点 074　平均指数

【★★二级考点，单选题、计算题】

1. 算术平均指数

记个体指数为 K，它可代表物量个体指数即 $K = \dfrac{q_1}{q_0}$，也可代表物价

个体指数即 $K = \dfrac{p_1}{p_0}$，还可代表销售额个体指数即 $K = \dfrac{p_1 q_1}{p_0 q_0}$，则算术平均

指数的计算公式为：

$$\bar{K} = \frac{\sum K p_0 q_0}{\sum p_0 q_0}$$

若记各种商品基期销售额的比重为 $W = \dfrac{p_0 q_0}{\sum p_0 q_0}$，则算术平均指数也

可用此比重做权数进行计算：

$$\bar{K} = \frac{\sum KW}{\sum W}$$

2. 调和平均指数

$$\bar{K} = \frac{\sum p_1 q_1}{\sum \dfrac{1}{K} p_1 q_1}$$

易考点

1. 算术平均数指数的计算公式为: $\bar{K} = \dfrac{\sum K p_0 q_0}{\sum p_0 q_0}$。

2. 拉氏和帕氏指数公式。

▶ **考点 075　居民消费价格指数的编制**

【★★二级考点，单选题、名词解释】

1. 居民消费价格指数

居民消费价格指数（CPI）也称消费者价格指数，是测度居民家庭日常生活所消费的各种商品和服务项目的价格水平随着时间变化的比率指标，反映居民家庭日常生活所购买商品和服务价格水平的变动趋势和变动程度，也常用来反映通货膨胀的程度。

2. 居民消费价格指数的编制过程

固定篮子价格指数理论与篮子商品的确定；代表规格品价格的采集；不同类别的权数的确定；居民消费价格指数的计算过程。

易考点

居民消费价格指数（CPI），也称消费者价格指数，是测度居民家庭日常生活所消费的各种商品和服务项目的价格水平随着时间变化的比率指标。

▶ **考点 076　生产者价格指数的编制**

【★三级考点，单选题】

1. 生产者价格指数

生产者价格指数（PPI）反映生产企业所生产产品的产出价格以及为生产而购进的原材料、燃料和动力的投入价格随时间变化的比率指标，有生产者产出价格指数和生产者投入价格指数两种。生产者价格指数通常按农业、工业、服务业分别编制。

2. 生产者价格指数的编制过程

产品篮子和代表产品的确定；代表产品价格的采集；各类权数的确定；工业生产者价格指数的计算。

易 考 点

生产者价格指数（PPI）：反映生产企业所生产产品的产出价格以及为生产而购进的原材料、燃料和动力的投入价格随时间变化的比率指标。

▶ 考点 077　股票价格指数的编制

【★三级考点，单选题】

标准普尔综合指数：采用综合指数的方法，以 1941—1943 年为基期，以发行在外的股票数量为同度量因素，采用拉氏指数公式编制，是该公司编制发表的 137 种证券价格指数中最有名的一种指数，与道·琼斯 30 种工业股票指数和反映高科技公司股票价格波动的纳斯达克综合指数一样，也是美国最有代表性的股价指数之一。

▶ 考点 078　生产法不变价格国内生产总值和国内生产总值指数

【★三级考点，单选题】

若使用拉氏指数原理编制国内生产总值指数，并记货物和服务的产出量为 Q，价格为 P，生产过程中原材料等的投入量为 q，价格为 p，则其指数计算公式为：

$$\overline{K}_Q = \frac{\sum \left(\sum P_0 Q_1 - \sum p_0 q_1 \right)}{\sum \left(\sum P_0 Q_0 - \sum p_0 q_0 \right)}$$

不变价格增加值计算方法有以下三种。

1. 价格指数双缩法

$$\sum P_0 Q_1 = \frac{V_1}{K_P} = \frac{\sum P_1 Q_1}{K_P}$$

$$\sum p_0 q_1 = \frac{v_1}{k_p} = \frac{\sum p_1 q_1}{k_p}$$

2. 价格指数单缩法

$$\sum P_0 Q_1 - \sum p_0 q_1 = \frac{V_1 - v_1}{K_P} = \frac{\sum P_1 Q_1 - \sum p_1 q_1}{K_P}$$

3. 物量指数外推法

$$\sum P_0 Q_1 - \sum p_0 q_1 = K_Q \sum P_0 Q_0 - k_q \sum p_0 q_0)$$

考点 079 支出法不变价格国内生产总值和国内生产总值指数

【★三级考点，单选题】

如果记某类最终产品的数量为 Q，价格为 P，则国内生产总值指数为：

$$\bar{K}_Q = \frac{\sum(\sum P_0 Q_1)}{\sum(\sum P_0 Q_0)}$$

小笔记

PART 4 难点回顾

🔍 统计指数的种类：

（1）按指数包括范围分类：个体指数和总指数。

（2）按指数反映内容分类：价值类指数、物量类指数和物价类指数。

（3）按指数对比基准分类：时间指数和空间指数。

过考百科

杨格指数是由英国经济学家杨格（A. Young）提出的，也称固定权数综合指数。其观点是在固定加权综合指数中，同度量因素所属时期既不固定在报告期，也不固定在基期，而是固定在一个特定的水平上，以便观察现象长期发展变化的趋势。因此，杨格公式在实践中经常采用。

PART 5 真题演练

一、单选题

1.【2016 年 4 月】统计指数按照包括范围的不同，分为（　　）。

A. 个体指数和总指数　　　　　　　B. 定基指数和环比指数

C. 综合指数和平均指数　　　　　　D. 价值类指数和物量类指数

2. △【2017 年 4 月】设 P 为商品价格，q 为销售量，则拉氏物量总指数的公式（　　）。

A. $\dfrac{\sum p_1 q_1}{\sum p_0 q_0}$ 　　　　　　　　B. $\dfrac{\sum p_1 q_1}{\sum p_0 q_1}$

C. $\dfrac{\sum p_0 q_1}{\sum p_0 q_0}$ 　　　　　　　　D. $\dfrac{\sum p_1 q_1}{\sum p_1 q_0}$

3.【2018 年 4 月】PPI 指的是（　　）。

A. 工业品产量指数　　　　　　　　B. 股票价格指数

C. 居民消费价格指数　　　　　　　　D. 生产者出厂价格指数

4.【2018年10月】CPI指的是（　　）。

A. 产量指数　　　　　　　　　　　　B. 股票价格指数

C. 居民消费价格指数　　　　　　　　D. 生产者出厂价格指数

5.【2018年10月】上海证券交易所的股票综合指数属于（　　）。

A. 交易量指数　　　　　　　　　　　B. 交易价格指数

C. 交易额指数　　　　　　　　　　　D. 增长量指数

6. 反映彩色电视机本月与上年同月相比价格变动的比率指标，是该种商品的价格的
（　　）。

A. 个体指数　　　　　　　　　　　　B. 总指数

C. 时间指数　　　　　　　　　　　　D. 空间指数

二、多选题

1.△【2018年4月】下列属于综合指数的有（　　）。

A. 拉氏指数　　　　B. 帕氏指数　　　　C. 杨格指数

D. 马埃指数　　　　E. 费舍理想指数

2.【2018年10月】统计指数按照包括的范围不同可分为（　　）。

A. 总指数　　　　　B. 个体指数　　　　C. 价值类指数

D. 物量类指数　　　E. 物价类指数

易 错 题

单选题2、3、4，多选题1，需要牢牢掌握知识点，认真审题，避免作答失误。

△表示高频考点。

三、简答题

简述拉氏指数与帕氏指数的区别。

四、计算题

1. 某企业生产两种产品，其产量和成本资料如下：

产品	计量单位	产量 q		单位成本（元）p	
		基期	报告期	基期	报告期
甲	只	1 000	1 250	12	10
乙	件	2 200	2 300	150	152

要求计算：（1）总成本指数；（2）产量总指数；（3）单位成本总指数。

2. 某商场三种商品的销售资料如下：

商品名称	计量单位	销售量		销售额（元）	
		基期 q_0	报告期 q_1	$q_0 p_0$	$q_1 p_0$
甲	千件	35	40	6 300	7 200
乙	千双	50	55	5 500	6 050
丙	千条	80	98	8 000	9 800
合计	—	—	—	19 800	23 050

要求计算：（1）三种商品各自的个体销售量指数；（2）三种商品的拉氏销售量指数。

3. 某公司三种商品销售额及价格变动资料如下：

商品名称	商品销售额（万元）		个体价格指数（%）$k_p = \dfrac{p_1}{p_0}$
	基期 $p_0 q_0$	报告期 $p_1 q_1$	
甲	500	650	102
乙	200	200	95
丙	1 000	1 200	110

要求计算：（1）销售额总指数；（2）帕氏物价总指数；（3）拉氏物量总指数。

PART 6 答案解析 🛠

一、单选题

1. 答案：A

解析：统计指数的种类：

（1）按指数包括范围分类：个体指数和总指数。

（2）按指数反映内容分类：价值类指数、物量类指数和物价类指数。

（3）按指数对比基准分类：时间指数和空间指数。

2. 答案：C

解析：拉氏指数：$\bar{K}_q = \dfrac{\sum p_0 q_1}{\sum p_0 q_0}$，$\bar{K}_p = \dfrac{\sum p_1 q_0}{\sum p_0 q_0}$。

3. 答案：D

解析：生产者价格指数（PPI），反映生产企业所生产产品的产出价格以及为生产而购进的原材料、燃料和动力的投入价格随时间变化的比率指标，有生产者产出价格指数和生产者投入价格指数两种。生产者价格指数通常按农业、工业、服务业分别编制。

4. 答案：C

解析：居民消费价格指数，缩写为 CPI，也称为消费者价格指数。

5. 答案：B

解析：上海证券交易所的股票综合指数属于交易价格指数。

6. 答案：A

解析：个体指数：反映单种个体的某种数量在不同时间或不同空间上相对比率的指标。

总指数：反映多种个体的某种数量在不同时间或不同空间上的总相对比率指标。

二、多选题

1. 答案：ABCDE

解析：综合指数包括：拉氏指数、帕氏指数、杨格指数、马埃指数、费舍理想指数。

2. 答案：AB

解析：按照包括范围的不同，统计指数可分为个体指数和总指数两种。

三、简答题

简述拉氏指数与帕氏指数的区别。

答：（1）拉氏指数，就是用基期价格作同度量因素的物量总指数和用基期销售量作度量因素的物价总指数。

（2）帕氏指数，就是用现期价格作同度量因素的物量总指数和用现期销售量作同度量因素的物价总指数。

四、计算题

1. 某企业生产两种产品，其产量和成本资料如下：

产品	计量单位	产量 q		单位成本（元） p	
		基期	报告期	基期	报告期
甲	只	1 000	1 250	12	10
乙	件	2 200	2 300	150	152

要求计算：（1）总成本指数；（2）产量总指数；（3）单位成本总指数。

答案：

（1）总成本指数：$\dfrac{\sum q_1 p_1}{\sum q_0 p_0} = \dfrac{362\ 100}{342\ 000} = 105.88\%$。

（2）产量总指数：$\dfrac{\sum q_1 p_0}{\sum q_0 p_0} = \dfrac{360\ 000}{342\ 000} = 105.26\%$。

（3）单位成本总指数：$\dfrac{\sum q_1 p_1}{\sum q_1 p_0} = \dfrac{362\ 100}{360\ 000} = 100.58\%$。

2. 某商场三种商品的销售资料如下：

商品名称	计量单位	销售量		销售额（元）	
		基期 q_0	报告期 q_1	$q_0 p_0$	$q_1 p_0$
甲	千件	35	40	6 300	7 200
乙	千双	50	55	5 500	6 050
丙	千条	80	98	8 000	9 800
合计	—	—	—	19 800	23 050

要求计算：(1) 三种商品各自的个体销售量指数；(2) 三种商品的拉氏销售量指数。

答案：

(1) 三种商品各自的个体销售量指数：

甲商品：$K_q = \dfrac{q_1}{q_0} = \dfrac{40}{35} = 114.29\%$ 。

乙商品：$K_q = \dfrac{q_1}{q_0} = \dfrac{55}{50} = 110\%$ 。

丙商品：$K_q = \dfrac{q_1}{q_0} = \dfrac{98}{80} = 122.5\%$ 。

(2) 三种商品的拉氏销售量指数：

$$\bar{K}_q = \frac{\sum p_0 q_1}{\sum p_0 q_0} = \frac{23\,050}{19\,800} = 116.41\% 。$$

3. 某公司三种商品销售额及价格变动资料如下：

商品名称	商品销售额（万元）		个体价格指数（%）$k_p = \dfrac{p_1}{p_0}$
	基期 $p_0 q_0$	报告期 $p_1 q_1$	
甲	500	650	102
乙	200	200	95
丙	1 000	1 200	110

要求计算：(1) 销售额总指数；(2) 帕氏物价总指数；(3) 拉氏物量总指数。

答案：

(1) 销售额总指数 $= \dfrac{\sum p_1 q_1}{\sum p_0 q_0} = \dfrac{650 + 200 + 1\,200}{500 + 200 + 1\,000} = \dfrac{2\,050}{1\,700} = 120.59\%$ 。

(2) 帕氏物价总指数 $= \dfrac{\sum p_1 q_1}{\sum p_0 q_1} = \dfrac{\sum p_1 q_1}{\sum \dfrac{p_0}{p_1} p_1 q_1} = \dfrac{\sum p_1 q_1}{\sum \dfrac{1}{k_p} p_1 q_1}$

$$= \frac{650 + 200 + 1\,200}{\dfrac{1}{102\%} \times 650 + \dfrac{1}{95\%} \times 200 + \dfrac{1}{110\%} \times 1\,200}$$

$$= \frac{2\,050}{1\,938.69} = 105.74\% 。$$

(3) 拉氏物量总指数 $= \dfrac{\sum p_0 q_1}{\sum p_0 q_0} = \dfrac{1\,938.69}{500 + 200 + 1\,000} = 114.04\%$ 。

恭喜你完成"国民经济统计指数"部分的学习，全书章节进度已完成 11/11。成功没有快车道，幸福没有高速路。所有的成功，都来自不懈的努力和奔跑；所有幸福，都来自平凡的奋斗和坚持。在此，记录下你的学习心得吧。

附 录

2019 年 4 月高等教育自学考试全国统一命题考试
国民经济统计概论（课程代码 00065）

一、单项选择题：本大题共 15 小题，每小题 1 分，共 15 分。在每小题列出的备选项中只有一项是最符合题目要求的，请将其选出。

1. 取 1‰人进行调查，则样本容量是（　　）。

A. 1‰　　　　　　B. 10‰　　　　　　C. 100　　　　　　D. 10 000

2. 职工的性别属于（　　）。

A. 数字变量　　　B. 属性变量　　　C. 连续变量　　　D. 顺序变量

3. 将产品按质量划分为一等品、二等品、三等品，这种划分使用的测度尺度是（　　）。

A. 定类尺度　　　B. 定序尺度　　　C. 定距尺度　　　D. 定比尺度

4. 先将职工按收入水平进行分组，然后在各组中随机抽取一部分职工，这种抽样方式是（　　）。

A. 整群抽样　　　B. 简单随机抽样　　C. 等距抽样　　　D. 分层抽样

5. 将我国家庭按人口数分组并编制次数分布表，适宜采用的是（　　）。

A. 等距分组次数分布表　　　　　　B. 异距分组次数分布表

C. 组距分组次数分布表　　　　　　D. 单值分组次数分布表

6. 在职工工资（单位：元）分组表中，工资最高一组为"10 000 以上"，其邻组为"9 000～10 000"，则最高一组的组中值是（　　）。

A. 9 500　　　　　B. 10 000　　　　C. 10 500　　　　D. 11 000

7. 数据：3、7、8、12、12、12、14、15、18、20、23 的中位数是（　　）。

A. 12　　　　　　B. 13　　　　　　C. 14　　　　　　D. 15

8. 从 100 个产品中随机抽取一个登记后将其放回再抽取第二个登记，放回后再抽取第三个，如此反复。这种抽样方法是（　　）。

A. 重复抽样　　　B. 不重复抽样　　C. 非随机抽样　　D. 主观抽样

9. 相关系数的取值范围是（　　）。

A. 小于−1　　　　B. 大于1　　　　C. −1 到 1 之间　　D. 0 到 1 之间

10. 若估计且通过检验的线性回归方程为 $\hat{y}=2+0.89x$，则 y 和 x 之间的相关关系一定是（　　）。

A. 正相关　　　　B. 负相关　　　　C. 不相关　　　　D. 完全相关

11. 某企业的产值 2015 年是 1 000 万元，2016 年是 1 210 万元，则该企业产值 2016

年与 2015 年相比的增长速度是（　　）。

A. 21％　　　　　B. 79％　　　　　C. 100％　　　　　D. 121％

12. 某地区人均收入 2011 年为 40 000 元，2016 年为 50 000 元，则该地区这一时期人均收入平均发展速度的算式为（　　）。

A. $\sqrt[6]{\dfrac{50\,000}{40\,000}}$　　　B. $\sqrt[5]{\dfrac{50\,000}{40\,000}}$　　　C. $\sqrt[6]{\dfrac{50\,000}{40\,000}}-1$　　　D. $\sqrt[5]{\dfrac{50\,000}{40\,000}}-1$

13. 用收入法计算国内生产总值，不需要包括的项目是（　　）。

A. 劳动者报酬　　B. 营业盈余　　　C. 投资总额　　　D. 生产税净额

14. 已知商品价格总指数是 110％，销售量总指数是 105％，则其销售额总指数是（　　）。

A. 5％　　　　　B. 15％　　　　　C. 15.5％　　　　D. 115.5％

15. CPI 指的是（　　）。

A. 生产者价格指数　　　　　　　　B. 居民消费价格指数

C. 股票价格指数　　　　　　　　　D. 经济产量指数

二、多项选择题：本大题共 5 小题，每小题 2 分，共 10 分。在每小题列出的备选项中至少有两项是符合题目要求的，请将其选出，错选、多选或少选均无分。

16. 下列属于离散变量的有（　　）。

A. 家庭人口　　B. 身高　　　C. 设备台数

D. 体重　　　　E. 职工人数

17. 下列属于离散型随机变量概率分布的有（　　）。

A. 两点分布　　B. 超几何分布　　C. 二项分布

D. 泊松分布　　E. 指数分布

18. 下列属于相对指标的有（　　）。

A. 职工工资总额　　B. 经济发展速度　　C. 男女性别比

D. 国内生产总值　　E. 存款总额

19. 下列可用于测度变量分布中心的指标有（　　）。

A. 四分位全距　　B. 标准差　　　C. 算术平均数

D. 中位数　　　　E. 众数

20. 下列属于第三产业的有（　　）。

A. 零售业　　B. 餐饮业　　　C. 房地产业

D. 交通运输业　　E. 金融业

三、名词解释题：本大题共 5 小题，每小题 3 分，共 15 分。

21. 次数分布表

22. 抽样估计

23. 时距扩大法

24. 现场调查

25. 发展速度

四、简答题：本大题共 3 小题，每小题 6 分，共 18 分。

26. 简述拉氏指数与帕氏指数的区别。

27. 简述相关分析的主要内容。

28. 简述估计量优劣的评价标准。

五、计算分析题：本大题共 4 小题，第 29、30 小题各 5 分，第 31、32 小题各 10 分，共 30 分。计算结果保留两位小数。

29. 已知 9 名职工某日的产量（件）为：10、15、20、25、30、35、40、45、50。

计算：（1）平均日产量；

（2）日产量的极差。

30. 从某批产品中按重复抽样方式随机抽取了 100 件作为检测的样本，测得样本产品的平均重量为 63 克，标准差为 8 克，计算平均重量的标准误。

31. 某企业职工 2009—2016 年的平均年收入资料如下：

年份	2009	2010	2011	2012	2013	2014	2015	2016
收入（元）	33 000	38 000	45 000	47 000	55 000	57 000	63 000	75 000

计算：（1）该企业职工 2015 年和 2016 年平均年收入的逐期增长量；

（2）该企业职工 2013 年和 2014 年平均年收入的环比增长速度；

（3）该企业职工在 2009—2016 年期间平均年收入的平均增长量；

（4）该企业职工 2016 年平均年收入的定基增长速度（以 2009 年为基期）。

32. 已知收入和消费支出（单位：千元）的统计资料及相关计算结果如下表：

序号	收入 x	消费支出 y	x^2	y^2	xy
1	6	3	36	9	18
2	7	3	49	9	21
3	10	5	100	25	50
4	12	5	144	25	60
5	14	6	196	36	84
6	16	6	256	36	96
7	18	7	324	49	126
8	21	8	441	64	168
9	24	10	576	100	240

续表

序号	收入 x	消费支出 y	x^2	y^2	xy
10	25	11	625	121	275
11	28	13	784	169	364
12	31	14	961	196	434
合计	212	91	4 492	839	1 936

要求：（1）绘制散点图；

（2）计算收入与消费支出之间的相关系数，说明相关方向与程度；

（3）若估计的回归方程为：$\hat{y} = -0.18 + 0.44x$，说明回归系数 0.44 的含义；

（4）估计收入为 35 千元时消费支出的水平。

注：x 与 y 的相关系数计算公式：$r = \dfrac{n\sum xy - \sum x \sum y}{\sqrt{n\sum x^2 - \left(\sum x\right)^2}\sqrt{n\sum y^2 - \left(\sum y\right)^2}}$

六、论述题：本题 12 分。

33. 试述我国货币供应总量统计的三个层次。

2019 年 4 月高等教育自学考试全国统一命题考试

参考答案

一、单项选择题

1. 答案：C

解析过程：构成样本的个体数目称为样本容量，通常用 n 表示。本题中 $n=10\,000\times 1\%=100$。

2. 答案：B

解析过程：不可用数字表示即为属性变量。职工性别不可用数字表示，故选 B。

3. 答案：B

解析过程：（1）定序尺度：对个体进行排序或分等基础上的测度计量尺度。

（2）定类尺度：对个体进行类别划分的测度计量制度。

（3）定距尺度：对个体特征的差距进行测量的测度计量尺度。

（4）定比尺度：对个体特征的绝对数量大小进行测量的测度计量尺度。

4. 答案：D

解析过程：（1）简单随机抽样——以总体中的个体为抽样单位，并使得每个个体被抽中的机会都相等的一种抽样方式。简单随机抽样是最基本的随机抽样方式，可以利用随机数表法抽签或摇号法得以实现。

5. 答案：D

解析过程：用每一个不同的取值代表一个组的变量值，并计算出各组变量值出现的个数即各组次数，然后顺序列在次数分布表中，这样的次数分布表称为单值分组次数分布表。我国家庭按人口数分组符合单值分组次数分布表，故选 D。

6. 答案：C

解析过程：缺上限组的组中值＝下限＋邻组组距/2，工资最高一级＝10 000＋（10 000－9 000）/2＝10 500，故选 C。

7. 答案：A

解析过程：n 为奇数——排在第 $(n+1)/2$ 位置的变量值；n 为偶数——第 $n/2$ 与 $n/2+1$ 项变量值的简单算数平均数。题目中 n 是 11，故第 $(11+1)/2=6$ 位即是中位数，即 12，故选 A。

8. 答案：A

解析过程：重复抽样：首先，假设有限总体中所包含的个体数为 N，重复抽样可以认为是有限总体条件下的简单随机抽样。其特点是：如果做了 n 次独立试验（也就是抽取 n 个个体的样本），那么总样本个数（即所能获得的全部样本数）是 N^n，而样本容量为 n，每个样本被抽到的概率都为$\frac{1}{N^n}$。

9. 答案：C

解析过程：r 的取值范围在 $-1\sim1$，即 $-1\leqslant r\leqslant1$。

10. 答案：A

解析过程：当两个变量的变动方向相同，即一个变量增加，另一个变量也相应地增加，或一个变量减少，另一个变量也相应地减少，两个变量之间的关系称为正相关，由题意可选 A。

11. 答案：A

解析过程：增长速度＝增长量/基期发展水平×100%，本题的增长速度＝$\frac{1\,210-1\,000}{1\,000}\times100\%=21\%$。

12. 答案：B

解析过程：平均发展速度：$\overline{x}=\sqrt[n]{x_1 x_2\cdots x_n}=\sqrt[n]{\dfrac{y_1}{y_0}\times\dfrac{y_2}{y_1}\times\cdots\dfrac{y_n}{y_{n-1}}}=\sqrt[n]{\dfrac{y_n}{y_0}}$。

13. 答案：C

解析过程：国内生产总值＝固定资产折旧＋劳动者报酬＋生产税净额＋营业盈余，是根据生产过程中各生产要素的收入和政府的税收收入来计算的，所以被称为计算国内生产总值的收入法。

14. 答案：D

解析过程：销售额总指数＝价格总指数×销售量总指数＝110%×105%＝115.5%。

15. 答案：B

解析过程：居民消费价格指数（CPI），也称消费者价格指数。生产者价格指数为 PPI。

二、多项选择题

16. 答案：ACE

解析过程：取值不连续的称为离散变量，由题意可知，ACE 符合。

17. 答案：ABCD

解析过程：离散型随机变量概率分布：两点分布、超几何分布、二项分布、泊松分布。

18. 答案：BC

解析过程：相对数指标是指由两个相互联系的统计指标相除而得出的比率，又称为比率指标，反映了研究对象内部各部分之间或各方面之间的相互关系。由题意可知，BC 符合。

19. 答案：CDE

解析过程：测度变量分布中心的指标包括：算术平均数、中位数、众数。

20. 答案：ABCDE

解析过程：第一产业：农、林、牧、渔业（不含农、林、牧、渔服务业）。

第二产业：采矿业（不含开采辅助活动），制造业（不含金属制品、机械和设备修理业），电力、热力、燃气及水生产和供应业，建筑业。

第三产业：服务业，除第一产业、第二产业以外的其他行业。

三、名词解释

21. 答案：次数分布表指表示观测变量次数分布的统计表。

22. 答案：抽样估计指根据样本来推断总体指标数值。

23. 答案：时距扩大法指把原来时间数列中各数据的时间距离扩大，求各数据的和或平均数，得出较长时间的时距资料，组成新的时间数列，用以消除由于时距较短而受偶然因素影响所引起的波动。

24. 答案：为了了解客观对象的实际情况而对其进行直接的观测。

25. 答案：发展水平是报告期水平和基期水平之比（或：反映报告期较基期发展变化的相对程度）。

四、简答题

26. 答案：拉氏指数与帕氏指数的区别是同度量因素固定的时期不同，拉氏指数用的是基期，帕氏指数用的是现期。

27. 答案：(1) 确定现象之间有无相关关系；

(2) 确定相关关系的表现形式；

(3) 测定相关关系的密切程度。

28. 答案：(1) 一致性；

(2) 无偏性；

(3) 有效性；

(4) 充分性；

(5) 稳健性。

五、计算分析题

29. 答案：(1) 平均日产量＝30（件）。

(2) 日产量的极差＝50−10＝40（件）。

30. 答案：$n=100$，$s=8$，$\sigma_s=\dfrac{s}{\sqrt{n}}=\dfrac{8}{10}=0.8$。

31. 答案：(1) 2015 年平均年收入的期增长量＝63 000−57 000＝6 000（元）。

2016 年平均年收入的这期增长量＝75 000−63 000＝12 000（元）。

(2) 2013 年平均年收入的环比增长速度＝（55 000−47 000）/47 000×100%＝17.02%。

2014 年平均年收入的环比增长速度＝（57 000−55 000）/57 000×100%＝3.64%。

(3) 2009—2016 年期间平均年收入的平均增长量＝（75 000－33 000）/7＝6 000（元）。

(4) 以 2009 年为基期，2016 年的平均年收入的定基增长速度＝（75 000－33 000）/33 000×100％＝127.27％。

32. 答案：(1) 散点图：

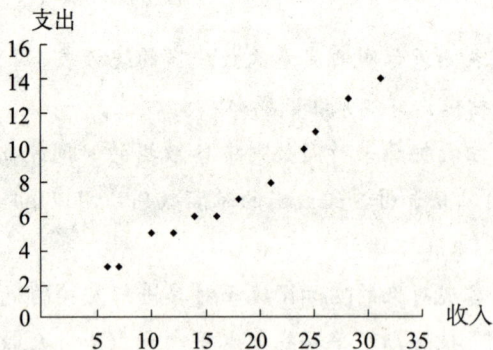

(2) $r=\dfrac{n\sum xy-\sum x\sum y}{\sqrt{n\sum x^2-(\sum x)^2}\sqrt{n\sum y^2-(\sum y)^2}}=0.98$。

说明两者之间存在着高度的正线性相关关系。

(3) 含义：收入每增长 1 000 元，消费支出将平均增加 0.44 千元。

(4) $x=35$ 时，$y=-0.18+0.44\times35=15.22$（千元）。

六、论述题

33. 答案：货币供应量包括 M_0、M_1、M_2 三个层次。

M_0 是指流通中的现金。

M_1 是指通货 M_0 加上单位活期存款。

M_2 是指 M_1 加上准货币（或：单位定期存款＋个人存款＋其他存款）。

2019 年 10 月高等教育自学考试全国统一命题考试

国民经济统计概论（课程代码 00065）

一、**单项选择题：本大题共 15 小题，每小题 1 分，共 15 分。在每小题列出的备选项中只有一项是最符合题目要求的，请将其选出。**

1. 下列选项中可视为无限总体的是（　　）。

A. 全国人口　　　B. 全国工业企业　　C. 海洋中的鱼　　　D. 某企业职工

2. 变量按其取值是否可用数字计量可分为（　　）。

A. 离散变量与连续变量　　　　　B. 属性变量与数字变量

C. 确定性变量与随机变量　　　　D. 因变量与自变量

3. 反映总体中部分数值与全部数值比率的相对数指标是（　　）。

A. 结构相对数　　B. 比值相对数　　C. 弹性相对数　　　D. 强度相对数

4. 在统计调查中，调查时间指的是（　　）。

A. 调查工作开始的时间　　　　　B. 调查资料所属的时间

C. 调查工作的起止时间　　　　　D. 调查资料的汇总时间

5. 抽样调查时，以总体中的个体为抽样单位，并使得每个个体被抽中的机会都相等的抽样方式是（　　）。

A. 任意抽样　　　B. 配额抽样　　　C. 整群抽样　　　　D. 简单随机抽样

6. 某组距分组中，若第一组为"500 以下"，第二组为"500～600"，则第一组的组中值是（　　）。

A. 400　　　　　B. 450　　　　　C. 500　　　　　　D. 550

7. 下列指标中，最容易受极端变量值影响的是（　　）。

A. 众数　　　　　B. 平均差　　　　C. 算术平均数　　　D. 标准差

8. 某车间 8 名工人的日产量（件）资料为：20、21、21、22、22、22、23、23，则日产量的众数是（　　）。

A. 20　　　　　　B. 21　　　　　　C. 22　　　　　　D. 23

9. 若估计量 $\hat{\theta}$ 取值的数学期望等于总体指标 θ 的真值，即 $E(\hat{\theta})=\theta$，估计量 $\hat{\theta}$ 一定满足（　　）。

A. 一致性　　　　B. 无偏性　　　　C. 有效性　　　　　D. 充分性

10. 当居民收入增加时，居民储蓄存款也相应增加，则二者之间的关系是（　　）。

A. 负相关　　　　B. 正相关　　　　C. 不相关　　　　　D. 零相关

11. 用于显示单值分组次数分布的图形是（　　）。

A. 散点图　　　　B. 柱形图　　　　C. 直方图　　　　　D. 折线图

12. 用支出法计算国内生产总值时，不需要的数据是（   ）。

A. 居民消费支出   B. 政府消费支出   C. 投资总额   D. 工资总额

13. 就业人数与劳动力总数的比率是（   ）。

A. 就业率   B. 失业率   C. 未充分就业率   D. 劳动参与率

14. 我国货币供应量统计的第一个层次指的是（   ）。

A. M_0 B. M_1 C. M_2 D. M_3

15. 下列选项中属于物量类指数的是（   ）。

A. 产品产量总指数   B. 产品成本总指数

C. 产品价格总指数   D. 产品销售额总指数

二、多项选择题：本大题共 5 小题，每小题 2 分，共 10 分。在每小题列出的备选项中至少有两项是符合题目要求的，请将其选出，错选、多选或少选均无分。

16. 下列属于时间数列构成要素的有（   ）。

A. 长期趋势   B. 回归趋势   C. 季节变动

D. 循环变动   E. 不规则波动

17. 下列属于非随机抽样方式的有（   ）。

A. 任意抽样   B. 等距抽样   C. 分层抽样

D. 立意抽样   E. 配额抽样

18. 下列指标中，可用于测度数据离散程度的有（   ）。

A. 极差   B. 四分位全距   C. 平均差

D. 标准差   E. 变异系数

19. 在劳动力统计中，常用的分析指标有（   ）。

A. 就业率   B. 失业率   C. 未充分就业率

D. 劳动参与率   E. 就业与人口比率

20. 下列选项中，属于金融机构单位的有（   ）。

A. 财政部   B. 保险公司   C. 商业银行

D. 税务总局   E. 证券公司

三、名词解释题：本大题共 5 小题，每小题 3 分，共 15 分。

21. 矩法估计

22. 定类尺度

23. 次数密度

24. 简单相关系数

25. 劳动生产率

四、简答题：本大题共 3 小题，每小题 6 分，共 18 分。

26. 简述样本的特点。

27. 简述次数分布的构成要素。

28. 简述产业活动单位应具备的条件。

五、计算分析题：本大题共 4 小题，第 29、30 小题各 5 分，第 31、32 小题各 10 分，共 30 分，计算结果保留 2 位小数。

29. 已知某企业 30 名工人日产量资料如下：

产量（件）x	工人数（人）f	xf
10	4	40
15	6	90
20	12	240
30	8	240
合计	30	610

计算这 30 名工人的平均日产量。

30. 某机床厂 2018 年共生产各种机床产值 89 000 万元。为生产这些机床，购进钢材等各种原材料 26 000 万元，购进各种零配件 38 000 万元，支付水电等费用 6 000 万元、运输等外购服务 4 000 万元。计算该机床厂 2018 年生产的增加值。

31. 三种商品的销售资料如下：

商品	价格（元）		销售量（件）		销售额（元）		
	基期 p_0	报告期 p_1	基期 q_0	报告期 q_1	$p_0 q_0$	$p_1 q_1$	$p_0 q_1$
甲	4.2	4.5	30	36	126	162	151.2
乙	3.0	3.6	20	20	60	72	60
丙	2.0	2.8	140	160	280	448	320
合计	——	——	——	——	466	682	531.2

计算：（1）三种商品的拉氏销售量指数及销售量变动对销售额的绝对影响；

（2）三种商品的帕氏价格指数及价格变动对销售额的绝对影响。

32. 已知 16 家工业企业的工业固定资产投资 x（亿元）与增加值 y（亿元）有关数据如下：

$$n=16, \sum x =916, \sum y =625, \sum x^2 =55\,086, \sum y^2 =26\,175, \sum xy =37\,887$$

要求：（1）建立以 y 为因变量，x 为自变量的线性回归方程 $\hat{y}=b_0+b_1 x$；

（2）说明两变量的相关方向。

（注）$b_1 = \dfrac{n\sum xy - \sum x \sum y}{n\sum x^2 - (\sum x)^2}, b_0 = \bar{y} - b_1\bar{x}$

六、论述题：本题 12 分。

33. 试述估计标准误的影响因素。

2019年10月高等教育自学考试全国统一命题考试

参考答案

一 单项选择题

1. 答案：C

解析过程：如果总体中包含有无限个个体，则称为无限总体。根据题意可知，海洋中的鱼可以看似有无限个，故C符合题意。

2. 答案：B

解析过程：变量的分类：

(1) 按是否可用数字表示分为属性变量和数字变量。

(2) 按取值是否连续分为离散变量和连续变量。

(3) 按变动是否有确定性分为确定性变量和随机变量。

(4) 按在因果关系中所处位置不同分为因变量和自变量。

(5) 按是否由研究对象体系范围内决定分为内生变量和外生变量。

(6) 按取值是否具有客观性，分为实在变量和虚拟变量。

3. 答案：A

解析过程：(1) 结构相对指标：总体中部分数值与全部数值的比率，可用来反映研究对象内部的构成情况。结构相对指标＝总体中部分数值/总体中全部数值。

(2) 比值相对指标：某个总体对另一个总体或某个个体对另一个个体的同一指标数值的比率，可用来反映两个总体或两个个体之间的差异程度。比值相对指标＝某个总体（或个体）的某个指标数值/另一总体（或个体）的同一指标数值。

(3) 弹性相对指标：一定时期内相互联系的两个经济指标增长速度的比率，反映一个经济变量的增长幅度对另一个经济变量增长幅度的依存关系。弹性相对指标＝一个经济变量的增长率/另一个经济变量的增长率。

(4) 强度相对指标：两个性质不同但有联系的总量指标值的比率。强度相对指标＝某一总量指标值/另一有联系但性质不同的总量指标值。

4. 答案：B

解析过程：确定调查时间和调查期限——调查时间是指调查资料所属的时间。

5. 答案：D

解析过程：(1) 简单随机抽样指以总体中的个体为抽样单位，并使得每个个体被抽中的机会都相等的一种抽样方式。简单随机抽样是最基本的随机抽样方式，可以利用随机数表法抽签或摇号法得以实现。

(2) 任意抽样，又称为便利抽样或偶遇抽样。任由调查者的便利而随意选取一些个体作为样本。

（3）配额调查，又称为定额抽样。在调查总体中依据一定的标准规定地区别或职业别等不同群体的样本个体数配额，然后在每个群体中由调查人员按照配额主观判断抽取一定数额的个体组成样本。

（4）整群抽样，指先将总体分成若干个相互之间差异很小、内部却差异很大的群体，然后再随机抽取一些群体组成样本来进行调查。

6. 答案：B

解析过程：缺下限组的组中值＝上限－邻组组距/2；第一组的组中值＝500－（600－500）/2＝450，故选 B。

7. 答案：C

解析过程：算术平均数容易受到极端变量值的影响；权数对算术平均数大小起着权衡轻重的作用，取决于它的比重；根据组距数列求加权算术平均数时，需用组中值作为各组变量值的代表。

8. 答案：C

解析过程：众数指某一变量的全部取值中出现次数最多的那个变量值。题目中 22 出现次数最多，故选 C。

9. 答案：B

解析过程：无偏性指用样本指标去估计总体指标必然存在着估计误差，但是却不应该存在系统性的偏差，即不应该存在一贯偏大或偏小的偏差。由题意可知，估计量 θ 没有存在系统偏差，故选 B。

10. 答案：B

解析过程：当两个变量的变动方向相同，即一个变量增加，另一个变量也相应地增加，或一个变量减少，另一个变量也相应地减少，两个变量之间的关系称为正相关；若两个变量变动的方向相反，即一个变量增加的同时，另一个变量随之减少，则两个变量之间的关系称为负相关。由题意可知选 B。

11. 答案：B

解析过程：用每一个不同的取值代表一个组的变量值，并计算出各组变量值出现的个数即各组次数，然后顺序列在次数分布表中，这样的次数分布表称为单值分组次数分布表。故柱形图可显示单值分组次数分布。

12. 答案：D

解析过程：使用支出法计算，国内生产总值就是最终消费支出、资本形成总额与净出口的总和，也就是整个国民经济的最终产品的总值。由题可知，工资总额不需要数据。故选 D。

13. 答案：A

解析过程：（1）就业率＝就业人数/劳动力总数×100%。

（2）失业率＝失业人数/劳动力总数×100%。

（3）未充分就业率＝未充分就业人数/劳动力总数×100％。

（4）劳动参与率＝劳动力人数/法定劳动年龄以上人口数×100％。

14. 答案：A

解析过程：我国的货币总量统计，按照从传统、狭义到广义货币概念的递进，分别以 M_0、M_1、M_2 三个不同层次的货币总量进行计算公布：M_0：流通中的现金，即在银行体系以外流通的现金；M_1：M_0＋单位活期存款；M_2：M_1＋准货币（单位定期存款＋个人存款＋其他存款）。

15. 答案：A

解析过程：物量类指数——同一单位在不同时期所生产或销售产品的数量之比率，以及不同地区所生产或销售产品的数量之比率，反映了产品数量的变化或相对比率。产品产量总指数符合，故选 A。

二、多项选择题

16. 答案：ACDE

解析过程：时间数列的构成要素：长期趋势、季节变动、循环变动、不规则波动、构成模式。

17. 答案：ADE

解析过程：非随机抽样调查包括：任意抽样、立意调查、配额抽样。

18. 答案：ABCDE

解析过程：可用于测度数据离散程度的有：极差、四分位全距、平均差、标准差、理论分布的方差、变异系数。

19. 答案：ABCDE

解析过程：劳动相关分析指标：就业率、失业率、未充分就业率、劳动参与率、就业与人口比率。

20. 答案：BCE

解析过程：金融机构指主要从事金融媒介以及与金融媒介密切相关的辅助金融活动的常住单位，主要包括中央银行、商业银行和政策性银行、非银行信贷机构和保险公司。所有金融机构归并在一起，就形成金融机构部门。

三、名词解释题

21. 答案：矩法估计是指用样本矩作为总体同一矩的估计量或者用样本矩的函数作为总体相应矩的函数的估计量。

22. 答案：定类尺度是对个体进行类别划分的测度计量尺度。

23. 答案：次数密度是各组的次数与其组距的比率。

24. 答案：简单相关系数是用于度量两个变量之间的线性相关程度的指标。

25. 答案：劳动生产率指生产活动的总产出与生产过程中劳动力的使用量或用工量之比，用来测度劳动力的生产效率。（用公式回答亦可）

四、简答题

26. 答案：(1) 样本中的每个个体都必须取自于总体的内部；

(2) 每一个总体中可以抽取多个不同的样本；

(3) 样本是总体的代表；

(4) 样本具有随机性。

27. 答案：次数分布由各组变量值和各组次数（频率）两部分构成。

28. 答案：(1) 在一个场所从事一种或主要从事一种经济活动；

(2) 相对独立地组织生产、经营或业务活动；

(3) 能够掌握收入和支出等资料。

五、计算分析题

29. 答案：$\bar{x} = \dfrac{\sum xf}{\sum f} = \dfrac{610}{30} = 20.33$（件）。

30. 答案：增加值＝总产值－中间投入价值＝89 000－26 000－38 000－6 000－4 000＝15 000（万元）。

31. 答案：(1) 拉氏销售量指数：$\bar{K}_q = \dfrac{\sum p_0 q_1}{\sum p_0 q_0} = \dfrac{531.2}{466} \times 100\% = 113.99\%$。

由于销售增长而增加的销售额：$\sum p_0 q_1 - \sum p_0 q_0 = 531.2 - 466 = 65.2$（元）。

(2) 帕氏价格指数：$\bar{K}_p = \dfrac{\sum p_1 q_1}{\sum p_0 q_1} = \dfrac{682}{531.2} \times 100\% = 128.39\%$。

由于价格上升而增加的销售额：

$\sum p_1 q_1 - \sum p_0 q_1 = 682 - 531.2 = 150.8$（元）。

32. 答案：(1) $b_1 = \dfrac{n \sum xy - \sum x \sum y}{n \sum x^2 - (\sum x)^2} = 0.80$。

$b_0 = \bar{y} - b_1 \bar{x} = -6.74$。

$\hat{y} = -6.74 + 0.80x$。

(2) 正相关。

（评分参考）如直接用原始数据计算得 $b_0 = -6.52$，也正确。

六、论述题

33. 答案：(1) 总体中各个体之间的差异程度；

(2) 样本容量的大小；

(3) 抽样的方式与方法。

参考文献

1. 联合国，欧盟委员会，经济合作与发展组织，国际货币基金组织，世界银行. 国民经济核算体系 2008. 北京：中国统计出版社，2008.

2. 高敏雪，李静萍，许健. 国民经济核算原理与中国实践. 4 版. 北京：中国人民大学出版社，2018.

3. 邱东. 国民经济统计学. 3 版. 北京：高等教育出版社，2018.

4. 蒋萍，杨仲山. 货币与金融统计学. 上海：立信会计出版社，2006.

5. 许宪春. 经济分析与统计解读（2014—2015）. 北京：北京大学出版社，2015.

6. 雷钦礼. 商务统计. 北京：中国财政经济出版社，2005.

图书在版编目（CIP）数据

国民经济统计概论/学程教育主编 . -- 北京：中国人民大学出版社，2020.6
全国高等教育自学考试指定教材学习包
ISBN 978-7-300-28247-3

Ⅰ.①国… Ⅱ.①学… Ⅲ.①国民经济-经济统计-高等教育-自学考试-教材 Ⅳ.①F222.33

中国版本图书馆 CIP 数据核字（2020）第 105152 号

全国高等教育自学考试指定教材学习包
国民经济统计概论
学程教育　主编
Guomin Jingji Tongji Gailun

出版发行	中国人民大学出版社		
社　　址	北京中关村大街 31 号	邮政编码	100080
电　　话	010－62511242（总编室）	010－62511770（质管部）	
	010－82501766（邮购部）	010－62514148（门市部）	
	010－62515195（发行公司）	010－62515275（盗版举报）	
网　　址	http://www.crup.com.cn		
经　　销	新华书店		
印　　刷	天津中印联印务有限公司		
规　　格	185 mm×260 mm　16 开本	版　　次	2020 年 6 月第 1 版
印　　张	9.5	印　　次	2020 年 6 月第 1 次印刷
字　　数	196 000	定　　价	29.00 元